AF347068

LE
R. P. AUGUSTIN LAURENT

DE LA COMPAGNIE DE JÉSUS

SON APOSTOLAT

DANS LE DIOCÈSE DE NANTES

PAR

LE PÈRE PIERRE-X. POUPLARD

DE LA MÊME COMPAGNIE

« Mon Dieu, tirez pour vous de ma petite substance
« autant de gloire qu'il se peut ! »

(*Prière du Père Laurent*, p. 109.)

PARIS

RETAUX-BRAY, LIBRAIRE-ÉDITEUR

82, RUE BONAPARTE, 82

1888

LE

R. P. AUGUSTIN LAURENT

De la Compagnie de Jésus.

Que Dieu est bon !
qui m'a donné des larmes en contemplant Jésus-Christ
et en lui répétant : tu sais que je t'aime ! —

21 - janvier - 1855 - Retraite.   Aug. Gaurenu[?]

S. J.

LE

R. P. AUGUSTIN LAURENT

DE LA COMPAGNIE DE JÉSUS

SON APOSTOLAT

DANS LE DIOCÈSE DE NANTES

PAR

Le Père Pierre-X. POUPLARD

DE LA MÊME COMPAGNIE

« Mon Dieu, tirez pour vous de ma petite substance
« autant de gloire qu'il se peut ! »

(*Prière du Père Laurent, p. 469*).

* * *

PARIS

RETAUX-BRAY, LIBRAIRE-ÉDITEUR

82, RUE BONAPARTE, 82

1888

C'est à la demande instante des amis du Père Laurent que j'écris ces pages. Ma première pensée était de ne consacrer à sa mémoire que quelques lignes, à la suite d'un autre travail de plus longue haleine. On m'en a dissuadé : Les ministères apostoliques du Père Laurent dans le diocèse de Nantes, pendant trente-trois ans, les œuvres qu'il a fondées dans la ville épiscopale ont paru dignes d'être signalés à l'imitation des prêtres et à la reconnaissance des fidèles. Cette observation honore ceux qui l'ont faite, j'ai voulu en tenir compte. Pour cela il m'a fallu reprendre mon travail ; la brochure est devenue un livre. J'avertis cependant le lecteur que je n'ai point la prétention de faire une histoire complète du Père Laurent, moins encore de rattacher à son nom les événements de la fin du xviiie siècle et ceux du siècle qui s'achève.

Ces considérations donneraient à cet écrit des proportions que je redoute ; elles n'apprendraient rien ou fort peu de chose à ceux qui voudront bien me lire. J'ai tenu par-dessus tout, je crois devoir le répéter, à faire connaître le saint religieux, APOTRE DU DIOCÈSE DE NANTES et FONDATEUR DE L'ASSOCIATION DE NOTRE-DAME-DE-BONNE-GARDE à Nantes. Je me suis efforcé de peindre ce BON PÈRE avec sa douce, cordiale et candide physionomie. Je ne regretterai pas mes peines, si, comme je l'espère, ses frères en religion, les prêtres du diocèse de Nantes et les Associées de Notre-Dame-de-Bonne-Garde qui lui survivent, ne désavouent pas le portrait que j'en ai tracé et s'ils veulent bien accepter l'hommage respectueux que je leur en fais.

Ces paroles ne suffiraient-elles pas à démontrer l'à-propos de cette biographie ? J'ajouterai volontiers qu'il me plaît de rendre un témoignage de vénération fraternelle à un compagnon d'armes. Tous en Religion ne sont pas appelés à être des Lacordaire ou des Ravignan.

Il y aurait même quelque péril à vouloir imiter en tout ces hommes de taille extraordinaire. Mais qui ne s'encouragerait, en voyant qu'on peut se signaler dans l'armée du Seigneur. même en combattant au dernier poste ? Aussi bien, le Concile de Trente a-t-il dit cette consolante parole, dont mille faits confirment chaque jour la vérité : « Rien n'instruit, rien ne porte « plus continuellement les hommes à la piété, « au service de Dieu, que la sainte vie et les « bons exemples de ceux qui sont consacrés au « ministère sacerdotal [1]. »

C'est surtout pour atteindre ce but, que je me suis efforcé de faire revivre dans ces pages l'humble et zélé missionnaire. dont la ville et le diocèse de Nantes ont admiré le dévouement vraiment apostolique.

Avec des talents ordinaires, mais avec une

[1] « Nihil est quod alios magis ad pietatem et Dei cultum assidue instruat, quàm eorum vita et exemplum qui se divino ministerio dedicarunt. » (Trid. sess. 22, c. 1, de Reform.)

vertu peu commune, le Père Laurent a grandement contribué à la gloire de Dieu et au salut
des âmes. Pourquoi ne nous sentirions-nous
pas animés à marcher sur ses traces? « Vivons
« comme les saints, s'écriait saint Jean-Chry-
« sostôme, oui, vivons comme les saints, et
« nous convertirons toute la terre, sans avoir
« besoin d'aucun miracle.

« Je dis ceci et pour ceux qui commandent et
« pour ceux qui sont soumis à l'autorité des
« autres; je le dis surtout pour moi-même [1]. »

Angers, en la fête de saint Ignace de Loyola,
31 juillet 1888.

---

[1] « *Nunc quoque si hoc factum fuerit, convertemus uni-
versum orbem terræ absque signis. Hoc dico et iis qui
imperant, et iis qui aliorum parent imperio, et, præ cæ-
teris, mihi ipsi.* » (S. Chrys., Homil. 46 in Matth.)

I

DE LA NAISSANCE DU PÈRE LAURENT

A SON APOSTOLAT

Dans le diocèse de Nantes

CHAPITRE PREMIER

Edme-Marie-Augustin Laurent, naquit à Troyes,
en Champagne, le 21 décembre 1795. La France, au
sortir de la Terreur, commençait à respirer, mais la
religion était toujours proscrite : les églises res-
taient encore fermées et l'échafaud, dressé sur les
places publiques de nos grandes villes, était une
menace permanente pour les citoyens fidèles au
Dieu de leurs pères. Il y avait alors quelque courage à montrer que l'on était chrétien. M. Laurent
n'était pas homme à trembler et, comme on parlait
de donner à son fils pour patron de Baptême le
saint Apôtre sous les auspices duquel l'enfant venait
de naître : « *Non, non,* s'écria-t-il, *je ne le veux pas ;
cet enfant sera un homme de foi, et je m'oppose à ce
qu'on lui donne le nom de l'Apôtre qui fut un moment
incrédule.* » Il déclara que son fils serait mis sous le
patronage spécial de saint Augustin. Le nouveau-né
devait avoir les pieuses tendresses de cœur du

grand évêque d'Hippone, sans connaître les égare-
ments sur lesquels Monique versa tant de larmes.

M. Laurent (Pierre-François) n'était âgé que de
vingt-cinq ans, lorsqu'il épousa en secondes noces
Mlle Marie-Madeleine-Constance-Éléonore Blanchet,
jeune fille de dix-neuf ans, très vertueuse et fort
intelligente. Il avait compris que les deux enfants
qu'il avait eus de sa première femme, et dont l'aîné
avait trois ans à peine, réclamaient les soins d'une
mère. Mme Laurent-Blanchet n'eut pas d'efforts à
faire pour réaliser les espérances de son mari : aux
deux petits orphelins qu'elle trouva au foyer domestique elle prodigua les tendresses maternelles,
comme elle fit bientôt à ses propres enfants, Augustin et Frédéric [1].

M. Laurent avait l'âme fortement trempée et son
énergie touchait parfois à la rudesse : c'était un
héritage de famille. Son père, en effet, ne connais-

---

[1] M. Laurent avait eu de sa première femme deux
garçons. L'aîné, Pierre-François, né en 1792 et mort à
l'âge de soixante ans, laissa une nombreuse famille.
M. l'abbé Laurent, curé de la paroisse de Saint-Jean, à
Troyes (1888), est le premier de ses enfants. Son second
fils ne vécut que quelques années.

Il eut de sa seconde femme deux autres garçons :
Augustin, dont nous écrivons la biographie, et *Frédéric*,
né en 1797. Ce dernier est mort en 1851, à Lusigny
(diocèse de Troyes). Il était curé de cette paroisse et son
corps y repose, près de la tombe de son père et de sa
mère.

sait ni les faux-fuyants ni les lâches concessions.
Austère dans le langage et dans les formes, il voulait avant tout accomplir son devoir, et son plus
grand désir, à l'époque sanglante de 93, était de
mourir martyr. Chaque jour il se tenait prêt à
faire le sacrifice de sa vie pour son Dieu. Sans
études littéraires, vivant d'un modeste commerce
qui absorbait à peu près tout son temps, il savait
néanmoins feuilleter quelques livres, et, chose
étrange, il ne voulait lire que des ouvrages de philosophie et de théologie. De là sans doute cette fermeté dans ses convictions, de là cette sainte indignation en face des monstruosités révolutionnaires,
et cette audace qui lui fit écrire et adresser à
Robespierre un mémoire accusateur. Il jouissait de
l'estime publique, non seulement à cause de ses
opinions politiques, mais surtout parce que sa conduite répondait à la fermeté de ses principes religieux. Quand on saura que l'humble commerçant
récitait le bréviaire, on aura quelque idée de sa foi.
Ajoutons comme trait caractéristique du person-
nage, qu'il dormait quelquefois vingt-quatre heures
durant, sans désemparer, comme aussi pendant qua-
rante-huit heures il travaillait sans prendre une
minute de relâche. Formé à l'école d'un tel père,
M. Laurent ne pouvait apprendre à pactiser avec
l'iniquité ou les demi-mesures; il devait donner à
ses enfants une éducation virilement chrétienne.
D'accord avec sa jeune femme, il fit valoir le don

de Dieu, et, tout en travaillant pour assurer à sa petite famille le pain de chaque jour, il s'appliqua avant tout à développer dans l'âme de ses enfants l'énergie de la foi, l'esprit d'obéissance et le goût d'une solide piété.

C'était l'usage dans la famille d'assister chaque matin au saint sacrifice de la messe. Augustin n'y manquait pas, et plus tard il attribuera à cette pieuse pratique la grâce de sa vocation au sacerdoce et à l'état religieux.

Les jours où Mᵐᵉ Laurent avait le bonheur de communier, le cher enfant aimait à se tenir près d'elle. Chose remarquable, déjà il éprouvait pour l'adorable sacrement le puissant et divin attrait qui sera un jour le charme de sa vie. Le cœur de sa mère, tabernacle vivant de Jésus-Hostie, attirait l'angélique enfant et lui faisait goûter par anticipation les délices de la première communion et les joies ineffables du sacerdoce.

L'esprit d'ordre et de propreté qu'il conservera jusqu'à son dernier jour, brilla en lui dès son plus jeune âge, et Mᵐᵉ Laurent, au retour de l'église où elle avait entendu la messe, n'était pas peu étonnée de voir que son fils avait tout rangé dans sa modeste chambre et même quelquefois essayé de faire sa petite couchette. Cet amour de l'ordre et de la propreté faillit un jour lui coûter cher. Sa mère était hors de la maison. Augustin se mit en tête de nettoyer les meubles du salon, en particulier le buffet dont les étagères étaient chargées de vaisselle. Comment s'y prit-il? je ne sais : toujours est-il qu'ayant grimpé sur le meuble, il fit un faux mouvement, ébranla les étagères et du même coup tomba lourdement à terre avec une partie de la vaisselle qui vola en éclats. Au bruit de cette chute, M. Laurent accourt, fort disposé à faire payer cher les débris de la vaisselle. Mais soudain sa colère s'est apaisée : il voit son fils étendu, pâle, sans voix, sans mouvement : il le croit mort : il appelle Mme Laurent, il mande le médecin : c'est une désolation inexprimable! On couche le pauvre petit avec beaucoup de précautions, on ne le quitte pas, on le couvre de caresses..... Le lendemain l'espiègle était guéri : il n'avait été malade que pour éviter le fouet, et ses parents se consolaient de leur vaisselle brisée en voyant Augustin sur ses jambes. Désormais, bien entendu, il laissera à d'autres le soin d'épousseter les meubles de la cuisine et du salon.

M. Laurent était un de ces chrétiens de vieille roche chez qui l'amour paternel était profond, mais plus sévère que tendre; ses ordres ne souffraient pas de réplique. Du reste, il ne commandait que pour inspirer à ses enfants une grande horreur du mal, un saint respect pour la loi de Dieu et pour les bonnes mœurs. Quand il fut question de placer Augustin dans une école, où l'enseignement officiel lui paraissait dangereux pour la foi : « *Mon fils*, lui dit-il, *j'aimerais mieux te voir à l'embouchure d'un canon que de te placer dans tel collège établi par Bona-parte.* » A l'heure présente, plus d'un père devrait méditer sur cette fière et chrétienne parole.

Mme Laurent, de son côté, apprenait à ses enfants combien il est juste de consacrer à Dieu les prémices de la journée. Elle tenait essentiellement à nourrir leurs âmes, dès le matin, du pain de la prière.

Un jour, Augustin rejetait devant son jeune frère la première bouchée qu'il venait de prendre pour son déjeuner. Craignant qu'il ne fût malade, Frédéric lui demanda s'il souffrait : — « Oh ! petit frère, sois tranquille, répondit Augustin ; mais, vois-tu, maman nous a dit qu'il ne faut jamais manger avant d'avoir fait notre prière du matin. Je l'ai oubliée aujourd'hui, et je veux la faire avant de déjeuner. » « *Jamais*, disait plus tard le Père Laurent, *jamais je n'ai mangé avant d'avoir prié.* »

Sous cette double influence d'un père et d'une mère si sincèrement chrétiens, les enfants gran-dirent dans l'amour de Dieu, dans l'horreur du vice et dans le respect pour toute autorité légitime. Prêtre, religieux, le Père Laurent ne parlera jamais de son père qu'avec le sentiment de la plus vive reconnaissance. Il se félicitera d'avoir trouvé en lui un véritable ami, appliqué sans relâche à le défen-dre contre lui-même et à préserver sa jeunesse de la contagion du mal. Mais sa mère surtout avait laissé au fond de son cœur je ne sais quel trésor de suave tendresse et d'inépuisable gratitude. Il la révérait avec cette piété filiale dont les saints ont le secret. Jusque dans un âge avancé, il ne lisait qu'à genoux les lettres de cette bonne mère, il ne lui écrivait qu'à genoux ; et plus d'une fois, dans ses causeries intimes et même dans certaines exhortations publiques, le bon vieillard laissa échapper les touchants aveux de son profond respect et de sa tendresse reconnaissante. Tous en étaient édifiés et souvent émus jusqu'aux larmes. Heureux parents que leurs vertus rendent dignes d'avoir de tels fils !

M. et Mme Laurent quittèrent la ville de Troyes et vinrent se fixer à Paris en 1802. C'est là qu'Augustin manifesta les qualités et les vertus dont nous venons de dire quelques mots et qu'il se prépara peu à peu au grand jour de la première communion. Il eut le bonheur de la faire, le jeudi 28 mai 1807, jour de la Fête-Dieu, dans l'église paroissiale de Saint-Merry. Quiconque a connu la tendre piété du père Laurent comprendra sans peine l'angélique ferveur avec laquelle il s'approcha pour la première fois de la table sainte. Il en garda fidèlement le souvenir. C'était une date chère à son cœur, et il aimait à répéter, non sans attendrissement, que le jour de sa première communion était *un de ses jours de grandes joies !* Chaque année, il en célébrait la mémoire avec une touchante dévotion, comme il faisait pour tous les autres grands événements de sa vie chrétienne, religieuse et sacerdotale.

CHAPITRE II

En 1808, Augustin revint à Troyes avec sa famille : il avait treize ans. C'est alors qu'il commença ses études élémentaires sous la direction d'un vénérable chanoine. De 1809 à 1814, il les continua dans une pension tenue par MM. Godot et Fournerot. « Nommer ces excellents instituteurs, disait plus tard le Père Laurent, c'est faire leur éloge. » Entré au séminaire de Troyes en 1814, il y acheva ses études classiques et, d'après les notes que nous avons trouvées dans ses papiers, il était au Grand-Séminaire en 1818. Les témoins de l'enfance et de la jeunesse d'Augustin sont fort rares aujourd'hui. L'un d'eux, — il me paraît des mieux renseignés, — nous apprend que pendant ses années d'études il fut le modèle de ses condisciples. Sa piété, sa tenue modeste et recueillie dans le lieu saint édifiaient tout le monde. Enfant de chœur, il servait à l'autel avec l'esprit de foi que nous admirerons plus tard dans le prêtre et

le religieux. Déjà brillait en lui ce zèle qui sera
l'âme de toute sa vie. Il était l'apôtre de ses camarades, moins encore par les bonnes paroles, qu'il ne
craignait pas de faire entendre en certaines occasions, que par la prédication toujours si éloquente
de l'exemple. Fidèle observateur du règlement, il
était le type du parfait écolier ; le seul reproche
qu'il put encourir fut de se livrer au travail avec
indiscrétion. Voulant, lorsqu'il était externe, initier
aux études son frère Frédéric, il dut passer une partie de ses nuits à son modeste bureau, et ajouter la
fatigue des veilles à celle de la journée. C'était trop
sans doute, mais qui aurait le courage de blâmer ce
dévouement fraternel ?

Augustin avait grandi au milieu des embarras
politiques qui signalèrent le commencement du
siècle. Il avait vingt-trois ans en 1818 et n'avait, à
cette date, suivi le cours de théologie que pendant
quelques mois. C'est alors que, sous l'impulsion
d'une ferveur qu'il croyait selon Dieu et que ses
directeurs approuvaient, il vint frapper à la porte
du monastère de la Grande-Trappe, près Mortagne
(Orne), et demanda la grâce d'y faire l'apprentissage
de la vie religieuse.

Tous nos lecteurs savent que le fameux abbé de
Rancé, fatigué des vanités du siècle et sincèrement
revenu à Dieu, se retira en 1662, à l'âge de quarante
ans, à Notre-Dame de la Trappe, monastère bien
déchu de sa première ferveur. Nommé abbé en

1664, il s'efforça, plus encore par ses exemples que par ses paroles, de ramener les religieux à la rigueur antique de l'étroite observance des Cisterciens. Il eut la consolation d'y parvenir. Il mourut dans son monastère sous le cilice et sur la cendre, ayant donné au monde l'exemple d'une conversion éclatante et soutenue pendant quarante ans. Aussi est-il appelé le *Réformateur de la Trappe*, qui « *devint par son zèle un autre Clairvaux et dont il fut le saint Bernard* », dit Mgr Fèvre. Il était dans sa soixante-quinzième année, et gouvernait depuis trente-six ans, quand Dieu l'appela à l'éternelle récompense[1].

Charmé par le spectacle de la vie laborieuse et pénitente des Trappistes, trouvant dans leurs chants et leurs offices un aliment à sa piété et une légitime satisfaction au goût qu'il avait et qu'il aura toujours pour le culte extérieur et la liturgie sacrée, notre séminariste se crut d'emblée appelé par le Seigneur à demeurer dans leur saint asile. Il sollicita avec ardeur la grâce de l'admission : on le prit au mot, et, quelques jours après, il avait la consolation de recevoir l'habit des Cisterciens réformés et d'entrer en communauté. Ce n'était pas là cependant que Dieu le voulait. Six semaines passées au noviciat de la Grande-Trappe lui firent comprendre que le zèle dont il était dévoré demandait un autre genre de

---

[1] *Histoire de l'Église*, par Rohrbacher et par Mgr Fèvre (1662-1700).

vie. Je dirai tout à l'heure qu'avant d'arriver à la Compagnie de Jésus, son âme, tourmentée par le besoin de la perfection, fit une seconde tentative non moins infructueuse près des fils de saint Bruno. Ayant donc passé six semaines chez les Trappistes, l'abbé Laurent revint au séminaire de Troyes. Ce généreux essai d'une vie crucifiée ne lui avait pas aliéné ses supérieurs ; ils le reçurent au contraire très volontiers, lorsqu'il demanda à rentrer au milieu de ses confrères. Il y poursuivit ses études théologiques, fut ordonné sous-diacre en 1820, et le 29 août 1821, Mgr de Boulogne lui conféra l'onction sacerdotale. Placé aussitôt à la tête de deux paroisses, Fontaine-les-Grès et Orvilliers, il y déploya toute l'activité de son zèle ; on n'attendait pas moins de lui. L'année suivante, deux autres cures plus importantes, celle des Granges et celle d'Origny, lui furent confiées. Il les desservit avec le dévouement et l'abnégation d'un saint. En 1824, il obtint des vacances de six semaines qu'il utilisa à la manière des apôtres. Il alla se renfermer dans un monastère de Chartreux, pour y retremper son âme dans la solitude et la prière et, disons-le, pour essayer de ce nouveau genre de vie. De plus en plus le jeune curé se sentait appelé à la perfection. Que le lecteur veuille bien me permettre de rappeler ici un fait personnel. En 1858, j'étais en résidence à Nantes, où le Père Laurent se trouvait depuis vingt et un ans. Un jour que j'accompagnais cet excellent Père

pour je ne sais quelle visite, la conversation tomba
sur le bonheur de la vie religieuse. J'ignorais absolument les péripéties par lesquelles le Père Laurent
avait passé avant d'entrer dans la Compagnie de
Jésus, et je ne fus pas peu étonné lorsque je l'en-
tendis s'écrier : « Tenez, mon cher Père, moi qui
vous parle, je puis bien vous dire par expérience
combien l'on est heureux d'être appelé à la Compagnie ! J'ai autrefois fait deux tentatives pour entrer
en religion. J'ai passé quelques semaines chez les
Trappistes, j'ai même été admis à leur noviciat. Six
ans plus tard, je me suis présenté chez les Pères
Chartreux et j'ai également passé un mois et demi
dans leur sainte communauté... Eh bien, mon cher
Père, ni à la Trappe, ni à la Chartreuse, je ne me
suis senti dans mon élément; quelque chose me
manquait !... Mais dès l'instant que le noviciat de la
Compagnie m'a été ouvert, j'ai compris que j'étais
dans ma vocation. Mon cœur s'est dilaté, j'ai respiré
à l'aise. J'étais heureux comme le poisson dans
l'eau, et jusqu'à ce jour j'ai goûté le même bonheur ! » Connaissant l'empêchement que la prise
d'habit dans un autre Ordre met à l'entrée dans la
Compagnie de Jésus, j'admirai la bonne Providence
qui avait levé les obstacles devant le Père Laurent,
et sa persévérance dans sa vocation depuis vingt-
sept ans ne me laissa aucun doute sur sa persévérance finale.

Toutefois je me gardai bien de trahir l'espèce de

secret que le bon Père m'avait confié dans l'épan-
chement de la conversation. J'en conservai le souvenir pour admirer l'humilité du Père et pour estimer de plus en plus ma propre vocation.

Revenons à l'année 1824.

L'abbé Laurent avait donc reconnu, pendant son
séjour à la Chartreuse, qu'il n'était pas plus fait
pour la vie purement contemplative que pour celle
des Trappistes ; il était revenu à sa paroisse des
Granges qu'il desservait depuis 1822, ainsi que celle
d'Origny. En 1825, il fut chargé de deux autres
cures, celles de Chesley et d'Étourvy. Dans ces paroisses comme dans celles qu'il avait déjà adminis-
trées, il préluda, on peut le dire, par son zèle industrieux et inconfusible, aux labeurs de son futur
apostolat. « Il était d'une ardeur incroyable, nous
« écrit de Troyes un prêtre parfaitement renseigné, et
« toujours en activité pour les enfants, les malades,
« les pauvres et les ignorants. Il harcelait, sans trêve
« ni merci, tout son monde, mais avec une douceur
« vraiment paternelle. A l'église, à la maison, aux
« champs, dans les rencontres fortuites de quelques-
« uns de ses paroissiens, il avait toujours une bonne
« parole pour exciter, relever les courages et faire
« aimer Dieu. »

Sa prédication, dont à soixante ans de distance
on conserve encore le souvenir, était une mise en
scène continuelle, une sorte de petit drame vivant,
bien conduit, pratique et court. Chaque dimanche

il prêchait à la messe, souvent à vêpres, et toujours à la prière du soir, sans s'inquiéter du nombre de ses auditeurs. Comme saint François de Sales, il mettait la même ardeur à évangéliser dix personnes que soixante, et soixante que six cents. On ne se lassait pas de l'entendre.

Les enfants, chose étonnante, ne pouvaient se rassasier de sa parole aux catéchismes qu'il leur faisait. « *Encore, encore*, disaient-ils quelquefois après de longues séances, *encore, M. le curé !* » L'abbé Laurent avait plus d'un trait de ressemblance avec le saint curé d'Ars. Même bonté, même dignité, mêmes questions vives, pressantes, entrecoupées de traits heureux, de sentences courtes et qui se gravaient dans l'esprit et le cœur. Il ne se contentait pas de l'année qui précède la première communion pour organiser ses catéchismes. Il entendait que tout enfant baptisé appartenait pour l'instruction à l'Église et par là même à lui, son représentant. Il avait dans chacune de ses paroisses trois ou quatre cours de catéchisme : la *robette*, c'est-à-dire les enfants de trois ans ; les petits, les premiers communiants, les persévérants. Dès l'âge de quatre ans, chose inouïe ! les enfants se confessaient avec régularité, à l'époque des Quatre-Temps. Lorsqu'ils avaient sept ans, c'était tous les mois qu'ils se présentaient au tribunal sacré. Deux ans avant la première communion, ils le faisaient tous les quinze jours. Certes, un prêtre qui sait ainsi se dépenser pour sauvegarder l'âme des petits enfants ne peut manquer d'attirer sur son ministère les divines bénédictions.

Son dévouement ne reculait devant aucune difficulté ; habile et industrieux à sa manière, le jeune curé se montra au milieu de ses paroissiens tel qu'il apparaîtra plus tard au cours de ses nombreuses missions. Ce qui est raconté du Vén. curé d'Ars et d'un autre saint prêtre, l'abbé Martinot, curé de Chaource, au diocèse de Troyes, est arrivé dans des circonstances pareilles à l'abbé Laurent. Un jour, il apprend que plusieurs ménétriers font invasion dans sa paroisse et qu'ils s'apprêtent à faire danser. Sans retard il va à leur rencontre et les arrêtant un moment : « Mes amis, leur dit-il avec un ton d'autorité et de compassion toute paternelle, vous faites-là un vilain métier que le bon Dieu ne peut pas bénir ! — Eh ! monsieur le curé, il faut bien vivre ! — Oui, sans doute, mes amis, il faut vivre, mais il faut mourir aussi !... Et j'ai quelque crainte qu'à la mort vous ne vous trouviez pas bien d'avoir vécu de la sorte. Tenez, nous allons faire un marché ensemble. Combien vous donne-t-on par jour ? — Vingt francs, monsieur le curé. — Vingt francs ? Allons, en voilà quarante... partez et laissez-nous tranquilles. » Et les ménétriers disparurent.

Un autre jour, passant devant une caserne près de laquelle on faisait l'exercice avec accompagnement de roulements de tambour : « Mon cher ami, dit l'abbé Laurent à un jeune séminariste qui l'accompagnait, voilà comment on fait impression sur la plupart des hommes, par la parade et par le bruit. »

Cette réflexion était-elle le fruit de sa propre expérience, un stimulant pour son zèle, une réponse aux reproches qui déjà pouvaient lui être adressés ? Je l'ignore. Toujours est-il que la mise en scène, prudente et toujours digne, fut un puissant moyen de succès dans les paroisses qu'il administra. Il fit donner en chacune d'elles une grande mission avec toutes les cérémonies d'usage : amende honorable au très Saint-Sacrement, consécration à la sainte Vierge, rénovation des promesses du baptême, procession au cimetière, plantation de croix, etc. Il s'était fait une sorte de spécialité de la scène du jugement dernier, et le souvenir en est resté au milieu des populations. Dans le chœur, le juge souverain des vivants et des morts, c'est-à-dire Notre Seigneur Jésus-Christ lui-même solennellement exposé sur l'autel ; autour de lui, ses douze assesseurs, les douze apôtres, représentés par douze prêtres revêtus des ornements sacerdotaux ; dans la nef, tous ceux qui vont entendre leur dernier jugement, après l'enquête faite... Dans ces saintes industries demandées, pratiquées, encouragées par le jeune curé, on devine d'avance le futur missionnaire.

Il voulait qu'on chantât dans l'église, et pour arriver à son but il n'épargnait ni peines ni fatigues.

« Le chant, le chant ! » disait-il, et souvent il venait au milieu de la nef de son église, il entonnait un psaume, un vieux cantique populaire, et ne quittait la place qu'après avoir obtenu le concert unanime de tous ses paroissiens.

Il voulait que tous les enfants, petits garçons, petites filles, chantassent ensemble. « Allons, mes enfants, disait-il, chantons les louanges du bon Dieu. » Et si les chants n'avaient pas l'ardeur ou l'ensemble qu'il désirait, il ne craignait pas de dire : « Chantez donc, mais chantez donc, mes enfants ! Ne soyez pas Champenois ! Ah ! on voit bien que nous sommes en Champagne ! » Pour son compte il ne l'était guère, sinon par l'amour qu'il avait voué à son pays natal [1].

Cependant l'excellent prêtre sentait qu'il lui manquait quelque chose ; son âme ardente voulait se dépenser plus complètement encore au service de Dieu, pour le salut de ses frères ; il cherchait sa voie, la voie définitive qui devait l'amener à la perfection religieuse dans un Ordre apostolique. C'est alors que sa pensée se tourna vers la Compagnie de Jésus et qu'il sollicita instamment son admission parmi les enfants de saint Ignace. Il vint frapper à la porte du noviciat de Montrouge.

---

[1] Nous tenons ces détails d'un vénérable prêtre du diocèse de Troyes. Nous lui en témoignons notre vive reconnaissance.

CHAPITRE III

L'abbé Laurent, en venant à Montrouge demander
la grâce d'être enrôlé parmi les jeunes recrues de la
Compagnie, ignorait, je l'ai dit plus haut, un point
important de nos Constitutions. Il ne se doutait pas
que l'entrée du noviciat fût fermée à quiconque a
porté, ne serait-ce que quelques heures, l'habit d'un
autre ordre religieux. De là silence complet sur son
séjour à la Grande-Trappe et à la Chartreuse. Sa
retraite de première probation se fit avec la ferveur
qu'il mettait en toute chose, son élection parut ins-
pirée par l'esprit de Dieu, et sans ombre d'hésitation
il fut admis au nombre des novices, le 19 juillet 1826.
Il avait trente et un ans.

Sous l'habile et ferme direction du Révérend Père

Jean-Baptiste Gury [1], le nouvel élu se livra sans réserve au souffle de la grâce. La joie intime de son cœur s'épanouissait sur son visage, et tous ses confrères, d'ailleurs si fervents eux-mêmes, étaient singulièrement édifiés de la générosité avec laquelle il s'acquittait des plus minimes observances. Mais tout à coup ce calme délicieux a fait place à la plus amère désolation. Les larmes inondent son visage naguère si saintement joyeux. Il tremble, ses traits sont bouleversés, et dans cet état il vient se jeter dans les bras du Père Maître. Qu'y a-t-il donc ? En faisant une des lectures d'usage, il a découvert le terrible empêchement !... Contre toute habitude, les examinateurs du postulant avaient négligé de prendre les informations requises, et, par un égal oubli, que les desseins de la Providence seuls peuvent expliquer, on n'avait pas fait lire au prêtre candidat les pages de l'Institut où les empêchements sont consignés. A peine eut-il exposé au Père Maître la découverte qu'il venait de faire, « mon cher ami, lui dit le Père Gury, votre cas est des plus graves : impossible de continuer votre noviciat. Seul le très Révérend Père Général pourrait lever l'obstacle qui vous ferme la porte de la Compagnie ». On écrivit à

[1] Le Père Jean-Baptiste Gury est l'oncle du théologien Jean-Pierre Gury, dont le *Compendium Theologiæ moralis* n'a pas besoin de nos éloges, mais devrait être entre les mains de tous les confesseurs.

Rome. La réponse, — on devait s'y attendre, — fut plus accablante encore... *l'âge, le sacerdoce, deux essais de vocation religieuse!*... En face de ces circonstances aggravantes, dénotant une inconstance contre laquelle l'Institut de la Compagnie met sévèrement en garde, il n'y avait aucun espoir à donner : le candidat devait sans délai quitter le noviciat. Cette réponse fut un coup de foudre pour l'abbé Laurent. Brisé de douleur et pouvant à peine comprimer les sanglots qui l'étouffent, il court à la chapelle et se jette aux pieds d'une image de Marie. Là, prosterné et fondant en larmes, il conjure la divine Mère de lui venir en aide et de ne pas permettre qu'étant si heureux parmi les novices ses bien-aimés frères, il soit obligé de s'en séparer. Il priait avec toute la tendresse de son cœur et ses gémissements parlaient plus encore que ses supplications, quand le Révérend Père Varin entra lui-même dans la chapelle où le jeune prêtre sanglotait[1]. Étonné et profondément ému à la vue d'une semblable douleur, le vénérable vieillard s'approcha discrètement : « Qu'y a-t-il donc, mon cher ami ? lui demanda-t-il pater-

[1] Le R. P. Varin était alors Supérieur de la résidence de Paris (1825 à 1833). Né à Besançon le 7 février 1769, entré dans la Compagnie de Jésus le 19 juillet 1814, il est mort à Paris le 19 avril 1851. C'est à bon droit que les Dames du Sacré-Cœur le regardent comme le fondateur de leur Institut. (Cf. *Vie du P. Varin*, par le P. Guidée.)

nellement. Quelle peut être la cause de tant de larmes ? » Le Père Laurent répondit, en entrecoupant ses paroles de nouveaux gémissements, et fit connaître au Père Varin le cas terrible dans lequel il se trouvait. « Hélas ! oui, c'est grave, reprit le saint vieillard d'une voix compatissante. Oui, oui !... mais, mon bon cher Père, consolez-vous, consolez-vous ! Tout n'est pas perdu. J'ai une petite chapelle à la porte de la résidence ; je m'en sers pour certaines œuvres : vous serez l'aumônier de ce sanctuaire. Je vous emploierai aussi pour les missions, comme nos Pères. Courage, confiance ; persévérez dans vos saints désirs, persévérez... et je me charge de vous. J'obtiendrai de Rome, je l'espère, la dispense exigée par nos Constitutions. » Le Père Varin tint parole. Grâce à l'influence bien méritée qu'il avait près du très Révérend Père Général, il obtint que le candidat ne fût pas à tout jamais refusé. L'abbé Laurent respira. Encouragé par ces bonnes paroles, il se montra disposé à subir toutes les épreuves ; elles ne lui furent pas ménagées. Séparé des novices pour les exercices propres du noviciat, il resta au milieu de nos Pères et s'essaya sous leur direction aux travaux de l'apostolat. Laval, Brest, Le Mans, Machecoul furent, en 1827, les principales villes où il déploya son zèle. En 1828, il garda une solitude complète et fut occupé à composer des sermons. Les années suivantes, il continua ses expériments de prédicateur sous la conduite de nos missionnaires, et dans les stations particulières qui lui furent confiées.

Pour ne parler que de Paris, il se fit entendre dans les églises de Saint-Sulpice, de Saint-Merry, de Saint-Nicolas du Chardonnet, de Saint-Germain-des-Prés, de Saint-Louis en l'Isle, de Saint-Thomas et de Saint-Gervais.

Les supérieurs crurent que ces cinq années d'épreuves étaient suffisantes pour rassurer la Compagnie et faire bien augurer de sa constance. Ils lui avaient en même temps reconnu les aptitudes requises pour remplir convenablement les ministères de notre vocation. Vers la fin de l'année 1831, ils lui annoncèrent que l'empêchement était levé. L'abbé Laurent tressaillit d'allégresse ; le port du salut lui était enfin ouvert. Toutefois il ne le trouva pas en France. Le noviciat de Montrouge avait cessé d'exister depuis la révolution de 1830.

On sait quel renom, grâce à la presse libérale et irréligieuse de l'époque, avait cette pauvre maison de Montrouge. Si nous n'étions habitués au cynisme de certains journaux et à l'extravagante crédulité du peuple aux heures de révolution, il nous semblerait absolument impossible qu'un Français prêtât l'oreille aux folles et fantastiques calomnies dont le noviciat de Montrouge fut le point de mire sous le règne de Charles X. « Montrouge était un arsenal dont l'approvisionnement le disputait à la plus forte place de guerre. Les novices y faisaient régulière-

ment l'exercice à feu et au canon. Des souterrains
creusés sous le lit de la Seine communiquaient de
Montrouge aux Tuileries. On y fabriquait des armes
pour les Turcs en guerre contre les Hellènes. On y
entassait à pleins coffres l'or et l'argent de la France.
Le Général de la Compagnie y résidait avec sa cour.
Le Supérieur avait un tel pouvoir que, sur un seul
signe de sa volonté, les jeunes novices étaient prêts
à réduire l'univers en cendres !! Moins terrible était
l'autorité du Vieux de la Montagne. Charles X lui-
même, s'étant affilié à l'Ordre des Jésuites, ne pouvait échapper à l'autorité absolue du Général !! »
Ces extravagances et d'autres plus monstrueuses
encore défrayaient chaque jour la presse révolutionnaire, et, ce qui est plus triste à dire, elles faisaient
peur au gouvernement, qui ne pouvait ignorer dans
quels rangs se trouvaient ses ennemis [1].

Déjà l'infortuné Charles X, mal conseillé par

---

[1] A toutes les époques de démence révolutionnaire,
que n'a-t-on pas inventé et redit pour attiser les haines,
flatter les plus bas instincts et conduire aux plus sau-
vages représailles ! Qu'il suffise de rappeler les blasphèmes, les profanations et les sanglantes boucheries de
la Commune à Paris (1871). « Picpus, Saint-Laurent,
Notre-Dame-des-Victoires, la rue Haxo... Les mystères
de la pénitence, de la sainteté, de la plus angélique charité, transformés par d'abominables calomniateurs en
mystères d'impudicité, de férocité et de scélératesse ! »
(Cf. *La Révolution et l'Ordre chrétien*, par A. Nicolas.)

2.

deux ministres, Portalis et Feutrier, avait signé les fatales ordonnances de juin 1828 et, par cette coupable concession au parti libéral et franc-maçonnique, avait retiré le droit d'enseigner à des professeurs habiles et dévoués, dont le crime était d'avoir fait des vœux et de pratiquer la perfection évangélique sous le drapeau de Jésus-Christ. De cet acte de faiblesse aux *glorieuses de juillet* il n'y avait qu'un pas. Le pas ne fut que trop facilement franchi. Le 29 juillet 1830, le roi était banni de son royaume et le peuple insurgé se ruait sur Montrouge, où étaient entassées les richesses de la France, des munitions et une formidable artillerie. Bien entendu, le château-fort, la place de guerre environnée de fossés, flanquée de bastions et hérissée d'artillerie ne fit aucune résistance. La horde sauvage s'abattit à son aise sur l'humble couvent qu'elle pilla et dévasta sans merci ; le jardin lui-même fut ravagé. Toutefois les vies furent épargnées.

Après de telles dévastations et à la veille de nouveaux coups de main faciles à prévoir, le noviciat de Montrouge fut dissous, et tandis que les enfants des meilleures familles s'exilaient pour trouver à l'étranger des collèges de la Compagnie de Jésus, nos jeunes novices s'en allaient eux aussi continuer leur formation religieuse dans des contrés plus hospitalières que la mère-patrie. C'est ainsi que le Père Laurent, au jour où le très Révérend Père Général lui permit d'entrer au noviciat, dut prendre le chemin de l'exil. Avignon et Montrouge étaient fermés aux recrues de la Compagnie ; Chiéti en Piémont, Estavayer en Suisse leur donnèrent un généreux asile. C'est à Estavayer, petite ville du canton de Fribourg, que le Père Laurent fut envoyé par le Père Provincial, le R. P. Druilhet. Le 17 décembre 1831, il entrait dans la maison de probation : il avait trente-six ans.

A cet âge, il y a quelque mérite à savoir se faire enfant et à se plier aux mille exigences de la règle du noviciat. Le Père Laurent sembla n'y trouver aucune difficulté. Jamais on ne le vit s'autoriser de ses trente-six ans pour prendre le large ou affecter le ton de supériorité parmi ses jeunes confrères. « C'était, écrit le Père de Boylesve, l'amabilité, l'aisance, l'égalité simple et joyeuse d'un conovice. Le bon Père avait cependant le double de mon âge. » « J'ai eu, continue-t-il, l'avantage de vivre avec lui au noviciat d'Estavayer. Sa vue seule me faisait un bien surprenant. La joie spirituelle rayonnait perpétuellement sur son front et dans ses yeux.... J'étais aussi singulièrement édifié de l'expression de bonheur qui paraissait sur son visage et dans toute sa tenue pendant qu'il célébrait le saint sacrifice. »

Le Père Laurent montra dès le noviciat un talent remarquable pour faire le catéchisme. C'est le témoignage que plusieurs de ses conovices ont aimé à lui rendre. Le Père Bovet, mort saintement à

Bourges, en 1874, a dit plus d'une fois : « De tous les Pères que j'ai entendus faire le catéchisme, nul ne m'a paru le faire aussi parfaitement que le Père Laurent [1]. » Confirmant cette parole, le Père de Boylesve veut bien ajouter : « Je me rappelle encore son genre. Il racontait les faits de l'Écriture qui se rapportaient au point à expliquer, et cela avec la simplicité que j'appellerais *dramatique*, qui rend les narrations de l'Ancien et du Nouveau Testament si saisissantes. » Nous aurons à revenir plus tard sur ce ministère, auquel saint Ignace et tous ses légitimes enfants attachent tant d'importance. Curé de pa-

---

[1] Le Père Bovet, né en Suisse le 8 octobre 1800, entré dans la Compagnie de Jésus le 23 novembre 1832, après avoir exercé pendant quelques années le ministère pastoral dans la paroisse de Vuyssens, fut, comme tous nos Pères, chassé de sa patrie par les révolutionnaires en 1847. C'est à Bourges qu'il passa presque toute sa vie d'exilé. Il y mourut, après de longues souffrances, le 30 juin 1874.

L'apostolat du Père Bovet fut obscur aux yeux du monde, mais très fructueux pour la gloire de Dieu. Aimé des petits, des pauvres et des malades, il fut honoré de l'estime et de la confiance des grands, et à tous il laissa l'exemple des vertus chères au Cœur de Notre-Seigneur, de l'humilité, de la douceur et d'une charité inaltérable. « Le confesseur qui reçut sa dernière confes- « sion générale est resté convaincu que le P. Bovet « quitta la vie sans avoir perdu, par un seul péché mor- « tel, la grâce du saint baptême. » (*Notice sur le P. Bovet*, E. Pigelet, rue Joyeuse, 15, Bourges.)

roisse, novice et missionnaire, le Père Laurent excella dans ce genre d'apostolat.

Qu'il fût heureux dans sa vocation, et au milieu des épreuves du noviciat, il suffisait de le voir pour en être convaincu : ce doux contentement, cette joyeuse sérénité sera, pour ainsi dire, jusqu'à la fin le cachet de sa vie. Mais voici une parole qui vaut un trésor ! Nous remercions le Père de Boylesve de nous l'avoir fait connaître. « Un jour de promenade, nous écrit ce dernier, je me trouvais avec le Père Laurent. Tout à coup il s'arrête. « Il y a au-« jourd'hui sept ans, nous dit-il, que j'ai demandé à « entrer dans la Compagnie. Eh bien ! s'il me fallait « encore, comme Jacob pour Rachel, travailler sept « ans pour obtenir mon admission, je n'hésiterais « pas à recommencer l'épreuve. »

On le voit, Notre-Seigneur voulait le Père Laurent dans sa petite Compagnie.

Après une année de complète solitude, il fut envoyé dans plusieurs paroisses du Valais et de la Savoie, pour y donner des retraites, des missions ou prêcher des sermons de circonstance. Partout il se montra digne enfant de saint Ignace, et lorsque les deux années de noviciat exigées par nos Constitutions furent écoulées, il eut l'immense consolation de prononcer ses premiers vœux (1833), il était enfin religieux de la Compagnie de Jésus.

Attaché les années suivantes à la résidence de Lyon, il remplit avec son zèle accoutumé les différents ministères que l'obéissance lui confia. Disons, en passant, qu'il se fit entendre à Lyon dans les chaires de Saint-Nizier, de Saint-Polycarpe, de Saint-François-de-Sales et dans celle de Saint-Jean, l'église métropolitaine. Il fut également envoyé à Toulouse pour prêcher dans la cathédrale et dans l'illustre basilique Saint-Cernin.

Appelé à Paris dans les premiers jours de 1837, il ne fit qu'y passer. Désigné par le R. P. Provincial pour la future Résidence de Nantes, il arrivait dans cette ville le 4 février, sous le patronage de nos trois saints martyrs Japonais, dont le lendemain il devait célébrer la fête.

II

LE PÈRE LAURENT A NANTES

SA VIE DE MISSIONNAIRE

CHAPITRE IV

La Compagnie de Jésus avait pendant un siècle,
de 1664 à 1764, exercé à Nantes ses ministères apostoliques, spécialement près des classes pauvres et
ouvrières. Elle avait notamment fait un bien considérable, au moyen des *exercices spirituels* donnés
régulièrement dans les deux *maisons de retraite* établies et entretenues par ses soins. En 1764, résidence et ministères sacrés, tout avait disparu sous
le coup de la persécution organisée par les Parle-
ments et les Jansénistes.

Soixante-dix ans plus tard, Mgr de Guérines,
évêque de Nantes et son coadjuteur, Mgr de Hercé,
étaient en instance près du R. P. Provincial pour
obtenir une résidence de la Compagnie dans leur
ville épiscopale. Ils faisaient valoir, non sans raison,
l'extrême misère intellectuelle et morale dans laquelle
la Révolution avait plongé la population des travailleurs, sans compter les besoins des classes supé-

rieures et en particulier de la bourgeoisie voltai-
rienne.

Leur demande était puissamment appuyée par les
prières de leur vicaire-général. M. l'abbé de Courson,
prêtre de Saint-Sulpice et supérieur du Séminaire
de philosophie. C'est lui surtout qui multipliait les
démarches et sollicitait pour sa ville natale le bienfait d'une communauté de Jésuites [1]. Le Ciel exauça

[1] M. Louis de Courson, né à Nantes en 1799, nommé
par Mgr de Guérines, vicaire-général, presque au lendemain de son ordination et premier supérieur du Séminaire de philosophie, fut élu, en 1843, supérieur général
de la Société de Saint-Sulpice. Mort à Paris en 1850, il
laissa à sa congrégation, à sa ville natale et à tout le
clergé de France les exemples d'une vie irréprochable,
toute dévouée à la gloire de Dieu et à la cause de la
sainte Église. « De là, dit un de ses biographes, l'estime
« singulière qu'il professait pour les ordres religieux et
« pour toutes les communautés. Il témoignait, en toute
« circonstance, son attachement spécial pour la Compa-
« gnie de Jésus qu'il vénérait comme une société de
« vrais serviteurs de Dieu. — Quelques heures avant de
« rendre le dernier soupir, il exprima de nouveau son
« attachement pour les communautés religieuses et spé-
« cialement pour les membres de la Compagnie de Jésus,
« *ces vrais serviteurs de Dieu qu'il faut beaucoup honorer,* »
aimait-il à redire. Son cœur rapporté de Paris à Nantes
fut déposé dans la chapelle du Séminaire de philosophie
et se trouve en face du cœur de Mgr de Guérines dont il
avait été si tendrement aimé. (*Notice sur la vie et la mort
de M. de Courson*, imprimerie Bailly, place de Sor-
bonne, 2, Paris, 1850; et *journaux catholiques de
l'époque.*)

les prières de l'homme de Dieu. Le R. P. Provincial,
le P. Achille Guidée, donna une réponse favorable.
L'établissement d'une résidence à Nantes fut décidé
et le Père, choisi pour en être comme la première
pierre fondamentale, fut le Père Laurent.

La Providence voulut qu'il arrivât le 4 février 1837,
aux premières vêpres de la fête de nos trois saints
martyrs Japonais. C'était de bon augure pour un
compagnon de Jésus. Le jour même l'humble religieux vint présenter ses hommages à Mgr l'Évêque
et à son vicaire-général M. de Courson, et avec
l'esprit de foi qui lui était si naturel il se mit sans
réserve à la disposition de sa Grandeur. Mgr de
Guérines et son coadjuteur Mgr de Hercé bénirent
affectueusement l'excellent Père, lui promirent leur
haute protection et le confièrent ensuite à leur vicaire-
général, M. l'abbé de Courson. Grande était la joie
de ce noble et saint ami, en voyant enfin un Père
Jésuite fixer sa tente dans sa ville natale. Depuis
quelques jours M. de Courson avait loué un modeste
pied à terre dans la rue Le Nôtre, à deux pas de
l'église Saint-Similien. Il voulut y conduire lui-
même le Père Laurent et lui faire les honneurs de la
première installation. Ce gracieux et sympathique
accueil toucha vivement le cœur du nouveau venu.
Sa joie fut au comble, lorsque peu d'heures après,
visitant le curé de Saint-Similien, il put constater
qu'il allait travailler sur un terrain ami.

Une semaine s'était à peine écoulée, et le Père

Laurent recevait sous son pauvre toit le Père Arthur Martin, le célèbre archéologue et deux bons frères coadjuteurs, les frères Lamy et Rodriguez : c'étaient les prémices de la résidence.

Cependant le local préparé par M. de Courson était dans le plus triste état, tout y manquait. Ne pouvant donner à ses aumônes personnelles la largeur de son cœur, M. le vicaire-général fit connaître à plusieurs amis l'extrême détresse de la résidence naissante. Une femme distinguée, Mme de Kerlero, se fit quêteuse, et, grâce à son industrieuse charité, grâce aux secours pécuniaires accordés par Mgr de Guérines, la petite maison, rue Le Nôtre, eut à peu près le strict nécessaire pour le logement et le mobilier [1].

Le R. P. Varlet, nommé supérieur de la communauté naissante, arriva après les fêtes de Pâques. C'est alors qu'il fallut constater l'impossibilité d'adapter la pauvre maison aux usages religieux de

[1] La reconnaissance nous fait un devoir d'ajouter que si M. l'abbé de Courson resta constamment l'ami et le protecteur des Pères (ainsi l'attestent les annales de la Compagnie : « *Princeps duxque advocandi nostros fuit Dominus de Courson* »), il fut secondé admirablement par quelques autres bienfaiteurs : Mme de Kerlero que nous avons déjà nommée, l'excellent prêtre M. Minot, les religieuses de la Visitation et plusieurs autres communautés de Nantes. Nosseigneurs les Évêques voulurent bien chaque année, jusqu'en 1870, donner à la résidence la somme de 1,000 francs.

la plus modeste résidence. M. de Courson et M. Malenfant, curé de Saint-Similien, se mirent en quête d'une autre demeure. Dieu bénit leur dévouement et, le jour de la fête de notre Bienheureux Père, le 31 juillet 1837, cinq religieux de la Compagnie trouvaient un asile plus convenable dans la rue de Coutances et y formaient une communauté régulière. Avant la fin de cette année 1837, deux autres Pères achevaient de constituer la résidence, c'étaient les Pères Millet et Labonde.

Si bien accueillis que fussent nos Pères par le clergé et l'ensemble de la population nantaise, si prudents et si réservés qu'ils se montrassent, ils n'échappèrent ni aux tracasseries d'un pouvoir ombrageux, ni aux attaques de la presse irreligieuse. Membres de la Compagnie de Jésus, ils devaient s'y attendre.

Dès les premiers jours de leur installation rue Le Nôtre, un agent de la préfecture vint se présenter à leur domicile. Le délégué officiel introduit près du Père Laurent : « Je viens, Monsieur, dit-il aussitôt avec ce ton demi-menaçant d'un besogneux salarié, je viens savoir qui vous êtes, d'où vous venez et pourquoi vous êtes ici ? » et sans attendre la réponse : « Serait-ce, ajouta-t-il, pour tenir une chaire d'éloquence ? — Une chaire d'éloquence, répondit le Père Laurent avec son franc sourire, mais, Monsieur, nous sommes bien plus disposés à recevoir des leçons d'éloquence qu'à en donner ; et cette pauvre

maison que vous voyez, n'est pas plus apte à servir
d'école, que nous, qui l'habitons, à faire un cours
d'éloquence! » L'agent inquisiteur s'en tint là. Il
reconnut sans doute que le Père Laurent n'était pas
homme à renverser le trône de Louis-Philippe et il
vint le redire à son maître.

Un journaliste fit de son côté quelque tapage.
« Les Jésuites sont arrivés à Nantes, disait-il dans
ses lumineuses colonnes, lecteurs, je vous en pré-
viens!... Mais fiez-vous à moi; je veillerai sur eux,
et, s'ils osent faire quelque tentative, s'ils bougent,
ce ne sera pas impunément! » Ce Don Quichotte
s'escrima ainsi à plusieurs reprises pour ameuter
ses lecteurs contre les nouveaux venus. Les cris du
folliculaire n'eurent d'écho que dans les bas fonds
de la populace: ce fut tout : les Nantais ont du bon
sens. Le clergé surtout fut admirable de sympathie
et les bénédictions vraiment paternelles de Mgr de
Guérines et de Mgr de Hercé firent facilement oublier
les grossières menaces d'un journal méprisé.

M. l'abbé Malenfant, curé de l'importante paroisse
de Saint-Similien, était un prêtre dévoré de zèle et
profitant de tout pour le salut des âmes confiées à
sa garde. C'est dire avec quelle consolation il vit le
Père Laurent prendre domicile sur sa paroisse. Il le
reçut avec la cordialité d'un saint ami, et d'accord
avec quelques autres personnes charitables, s'efforça
de venir en aide à celui qui bientôt lui serait à lui-
même d'un si grand secours. Sur ses recommanda-

lions, on apportait au presbytère des dons en nature, et son fidèle serviteur Jean-Marie, les transmettait fidèlement à la résidence qui manquait de tout. Il mit également à la disposition des Pères les autels et les confessionnaux de son église, exhortant lui-même les fidèles à s'adresser aux nouveaux mission-naires. Puis, sans délai, voulant bénéficier de leurs prédications, il invita le Père Laurent à donner à Saint-Similien la station de Carême. La reconnais-sance faisait un devoir d'accepter. Le Père prêcha donc devant un auditoire que le pasteur de la paroisse avait parfaitement disposé en faveur du Jésuite et celui-ci, par l'onction et la force de ses discours, obtint des fruits de salut qui dépassèrent les espérances.

Non content de cette station il céda à de nom-breuses invitations que lui firent plusieurs autres curés de Nantes. Infatigable, indiscret peut-être dans son dévouement, il prêcha jusqu'à six fois, d'autres ont dit sept fois, la Passion, aux derniers jours de la Semaine Sainte.

Après les solennités pascales, M. le curé de Saint-Similien demanda un nouveau service au Père Lau-rent; il le pria de préparer les enfants de la paroisse à la première communion. Aucun ministère ne pou-vait lui être plus agréable. Dès les premiers jours de son sacerdoce il avait senti un attrait particulier pour instruire le jeune âge, et cet attrait il le con-serva jusqu'à son dernier soupir. Trente-trois ans plus tard, il gagnera la maladie qui lui donnera la mort, en prêchant une retraite de première communion. Il accepta donc avec joie ce ministère de prédilection et le remplit avec un succès complet. Sa parole douce, pénétrante, captiva, charma ce peuple d'enfants. Ses histoires terribles forcèrent plus d'une conscience à se mettre à l'aise, et l'on put dire, le jour de la première communion : « *Le Père Laurent a conquis tous les cœurs.* » Parents et enfants avaient su apprécier et aimer le *bon Père*. Ce nom deviendra désormais le sien.

C'est au cours de cette année 1837, peu de temps après ces exercices préparatoires à la première communion, que le Père vivement encouragé par M. l'abbé Malenfant, établit dans l'église de Saint-Similien, le *Catéchisme de persévérance*.

Ce catéchisme était d'une nécessité urgente pour cette nombreuse population. Chaque dimanche, le Père avait une réunion spéciale ; un dimanche c'était le catéchisme des jeunes filles, le dimanche suivant, c'était celui des garçons. Quelquefois le Père réunissait les filles et les garçons ensemble. A cinquante ans de distance, on se souvient encore du zèle avec lequel le bon Père établit ce catéchisme et des fruits qu'il ne cessa de produire [1].

---

[1] Les réunions des garçons ne continuèrent pas longtemps à Saint-Similien ; mais au lieu de disparaître, elles donnèrent naissance à la belle œuvre dite de *Notre-*

Ce catéchisme continua pour les filles jusqu'en 1868. Il fut pendant plusieurs années une des grandes consolations du vénérable pasteur et du Père Laurent. Avant la venue des Pères, on ne connaissait à Nantes ni les congrégations de la Sainte Vierge, ni les associations diverses qui, depuis un demi-siècle, ont germé et grandi dans toutes les paroisses de cette ville. Le *Catéchisme de persévérance* établi à Saint-Similien fut comme la source ou la cause de toutes ces œuvres, et le Père Laurent n'éprouvait pas une médiocre consolation lorsque, parlant de son cher catéchisme, il l'appelait « *l'aînée de ses filles, la première de ses associations à Nantes.* »

L'épreuve d'ailleurs ne lui manqua pas. M. Malenfant n'était pas encore nommé chanoine, il n'avait pas encore quitté la cure de Saint-Similien, et déjà de sourdes oppositions s'étaient fait sentir. D'inexplicables procédés avaient contrecarré l'action du Père Laurent ; il en gémissait devant Dieu et prévoyait bien qu'il faudrait un jour abandonner l'église centre de son œuvre. Quand l'heure fut venue, il prit une décision qu'approuva hautement Mgr l'Évêque : il réunit son *Catéchisme de persévérance* à l'*Association de Notre-Dame-de-Bonne-Garde* (1868). Dès lors ces deux familles n'en formèrent qu'une seule et rivali-

Dame-de-toutes-Joies. Depuis longues années cette œuvre prospère admirablement sous la direction de M. l'abbé Stanislas Peigné, des prêtres de l'Immaculée-Conception, missionnaires diocésains.

3.

sèrent ensemble de charité et de zèle sous la bannière de Marie.

Les bons paroissiens de Saint-Similien regrettèrent beaucoup ce *Catéchisme*. « car, nous écrit un pieux et fidèle témoin, le Père ne parlait pas uniquement à son auditoire d'enfants : il pensait aussi aux grandes personnes placées en dehors de l'enceinte réservée. Il savait instruire et intéresser tout le monde ; c'était merveille de l'entendre expliquer la doctrine chrétienne, commenter l'épître ou l'évangile du jour, rappeler la collecte de la messe, surtout à certains jours de fête, ayant soin de faire remarquer que cette oraison renferme l'esprit du mystère ou de la solennité et le fruit particulier que l'Église veut nous en faire retirer. Parfois, ajoute le témoin, le Père Laurent s'oubliait et dépassait les limites du temps réglementaire : mais les enfants eux-mêmes ne se fatiguaient pas, tant le pieux et habile catéchiste savait mettre de variété dans son enseignement. »

CHAPITRE V

Nous avons vu le Père Laurent à l'œuvre, dès
son entrée à Nantes : pieux et infatigable ouvrier en
1837, tel il sera jusqu'aux derniers jours de sa vie.
Apôtre du diocèse dont il évangélisera presque
toutes les paroisses, il deviendra le guide et le père
des classes ouvrières et des servantes de la ville.
De ces deux apostolats quel fut le plus fructueux,
je n'ai point à le décider : j'aime mieux dire que la
reconnaissance lui est acquise et pour les heureux
résultats de ses missions et pour le bien inappréciable dû à la grande Association de Notre-Dame-de-
Bonne-Garde qu'il a fondée.

Fixé par la Providence au milieu de cette religieuse contrée, il ne la quitta qu'à de rares inter-
valles et pour des ministères dont l'importance
nécessitait ces déplacements momentanés. Nommons
en passant les principales villes hors du diocèse de
Nantes où sa parole fut entendue. Abbeville, en

1840 ; Saint-Jacques d'Angers, en 1841 ; Luçon, en 1842 ; la Trinité d'Angers, en 1852 ; Redon, en 1859 ; Noirmoutiers, en 1846 ; Redon, en 1857 ; les Sables-d'Olonne, en 1862, eurent le privilège de l'avoir pour prédicateur et de pouvoir s'édifier de ses vertus. A part ces stations, et quelques semaines passées à Saint-Acheul pour s'y préparer à ses derniers vœux (15 août 1842), le Père Laurent consacra à peu près tout son temps et toutes ses forces à la ville et au diocèse de Nantes. C'est surtout dans ce champ confié spécialement à son zèle, qu'il se sentit soutenu par la grâce divine et qu'il cueillit une plus abondante moisson. Inutile, croyons-nous, d'entreprendre l'énumération de ses ministères et des localités qu'il a évangélisées ; qu'importent ces détails ! aussi bien, il faudrait nommer presque toutes les paroisses, grandes et petites, du diocèse, auxquelles pendant un trentaine d'années il n'a cessé de prodiguer son dévouement. Mais ceux qui ne l'ont pas connu n'apprendront pas sans intérêt, quel était son genre d'éloquence et quel fut le secret des succès parfois merveilleux qu'obtint sa parole.

Le Père Hus, qui, pendant de longues années, vécut à Nantes avec le Père Laurent, n'a pas craint d'affirmer que ce bon Père était l'orateur populaire par excellence, et qu'il avait un talent ou plutôt une grâce admirable pour prêcher des Missions. Le jugement du Père Hus est celui de tous les ecclésiastiques qui ont eu le bonheur d'entendre le saint

missionnaire : tous n'ont qu'une voix pour redire
l'à-propos, la clarté, la puissance de ses prédica
tions et les fruits extraordinaires qu'elles produi-
saient dans les âmes. Tous aussi, prêtres et simples
fidèles, reconnaissent qu'il avait reçu du Ciel trois
dons précieux qui contribuèrent puissamment aux
succès de son apostolat. Avant tout, c'était un
homme de foi, d'une piété ardente et d'une charité
sans bornes : il avait un tempérament solide,
capable de résister à des fatigues qui auraient en
quelques jours épuisé d'autres missionnaires : enfin
il était merveilleusement servi par une voix fortement accentuée, sympathique et infatigable. Souvent
il restait en chaire plusieurs heures de suite, faisant
des annonces, donnant des avis, récitant des prières
et des actes de toute sorte, chantant et faisant
chanter les diverses classes de son auditoire, expli-
quant le sens des cantiques, et, après tous ces préam-
bules, faisant le sermon proprement dit. Grâce à
cette variété d'exercices, à sa parole ardente et
imagée, il tenait en éveil les foules qui se pressaient
au pied de sa chaire.

Sa manière si bonne, si ouverte, si paternelle
d'entrer en matière, quand il commençait une mission, gagnait presque toujours les cœurs. « Bonjour,
mes chers frères, disait-il avec cet accent inimitable
qui sort du cœur, bonjour, mes chers frères ! Je suis
bien heureux de me trouver au milieu de vous... Oh !
comme je remercie le Bon Dieu de m'avoir envoyé

dans cette bonne paroisse !! » « Bonjour, petits
enfants, qui êtes dans l'âge d'innocence ; c'est vous,
qui êtes les bien-aimés du Seigneur ! Oh ! quel
bonheur pour moi de pouvoir vous bénir, de pouvoir
vour parler du Bon Jésus, qui aimait si tendrement
les petits enfants !!... »

Le Père continuait ainsi, s'adressant successive-
ment aux différentes classes de personnes qui l'écou-
taient. Il avait une parole pour les pères et les
mères de famille, pour les jeunes gens, les jeunes
filles, pour les âmes ferventes et aussi pour les
pauvres pécheurs. Cette manière naïve, affectueuse
et apostolique de saluer la population produisait
d'ordinaire un effet magique. Dès le premier sermon
il était maître de la place.

« Toutes les missions qu'on avait entreprises
depuis vingt ans à Bouguenais, dit l'auteur de la vie
du P. Labonde, avaient complétement échoué. Au
premier sermon du Père Laurent, il n'y avait presque
personne dans l'église. Le curé se désolait, pensant
que cette mission était manquée comme tant d'autres.
Au second sermon l'église était comble. Ce fut dès
lors une affluence considérable. Le Père Laurent
confessa tous les jours jusqu'à onze heures ou
minuit. La population se convertit en masse. A
Rezé, mêmes résultats [1].

N'oubliant pas que le religieux de la Compagnie

---

[1] *Vie du Père Labonde*, par le Père Charrnau, p. 194.

de Jésus se doit à toutes les âmes, mais qu'il faut toujours se mettre à la portée de son auditoire pour l'instruire et le toucher, il s'appliquait à captiver l'attention par une mise en scène qui lui était toute particulière. Il dramatisait les sujets qu'il traitait, il établissait entre ses auditeurs et lui des dialogues qui piquaient la curiosité en même temps qu'ils instruisaient. Il provoquait quelquefois par de chaleureuses interpellations des réponses qui mettaient en jeu tous les esprits.

Il était réellement ingénieux à trouver les moyens de frapper les populations par les cérémonies, les processions et autres manifestations publiques du culte sacré. Il triomphait, se surpassait lui-même, aux jours de l'amende honorable, de la rénovation des promesses du Baptême, de la Consécration à la Sainte Vierge. Il remuait alors toutes les âmes par sa parole enflammée, pathétique : souvent il faisait fondre en larmes l'auditoire suspendu à ses lèvres. C'était, redirons-nous avec le Père Hus, l'orateur populaire par excellence et plusieurs fois, dans ces magnifiques réunions, il s'éleva à des mouvements d'éloquence dignes des Brydaine et des Montfort. Mais qu'on le remarque, jamais le Père Laurent ne se permit aucune trivialité, aucune mise en scène plus digne de la place publique que du saint lieu. La lettre suivante, en nous faisant assister à une de ses missions, pourra donner une idée générale de toutes les autres.

« J'ai eu le bonheur de connaître le Révérend
« Père Laurent, en l'année 1845, écrivait peu de
« temps après la mort du vénéré Père, une personne
« invitée à donner des renseignements ; c'était à
« Pont-Château où il était venu prêcher. Ses prédi-
« cations, ses vertus ainsi que les marques de sain-
« teté de tous genres qu'il y manifesta, firent une
« telle impression, qu'on le considérait comme un
« nouveau Père de Montfort. La vénération qu'on
« lui portait vint au point que, lorsqu'il parcourait
« les rues, les habitants sortaient avec empresse-
« ment pour le voir et s'agenouillaient pour lui
« demander sa bénédiction. On courait en foule à
« ses prédications et l'enceinte de l'église devenait
« alors beaucoup trop étroite.

« Dans une de ces réunions nous avons été témoin
« d'un fait qui prouve sa foi vive et la confiance
« qu'il savait inspirer. C'était une cérémonie
« d'amende honorable qu'il prêchait, et le bon
« Père, selon sa coutume, avait fait préparer des
« ornementations et des illuminations propres à
« inspirer plus de dévotion. Il arriva que plusieurs
« bougies trop rapprochées s'enflammèrent avec
« violence et communiquèrent leur flamme à l'orne-
« mentation : ce fut un véritable commencement
« d'incendie ; les flammes gagnaient la voûte et le
« tout paraissait effrayant. Il se fit aussitôt une forte
« rumeur dans l'église et la voix du bon Père n'était
« plus entendue. Lui seul conservait un calme

« parfait ; mais prévoyant les terribles suites qu'ap-
« porteraient le trouble et le désordre dans une
« enceinte où tout le monde se foulait déjà à
« l'avance, il frappa fortement sur le bord de la
« chaire et conjura de l'écouter un moment. Il
« parvint bientôt à obtenir le silence : « Mes chers
« enfants, dit-il, je vous en supplie, ne vous alarmez
« pas. Je vous promets de la part de Dieu et de la
« Sainte Vierge, qu'il n'arrivera aucun mal. Des
« ordres sont donnés et vous allez avoir du secours.
« Mais que personne ne cherche à s'enfuir, ce serait
« un grand malheur. » — « Le bon Père fut obéi.
« Quelques instants après, des couvreurs arrivaient
« à l'église, portant de longues échelles qu'il fallut
« faire glisser sur la tête des auditeurs, tant la foule
« était compacte. Pendant que les travailleurs
« activaient les secours, le bon Père priait et faisait
« prier l'auditoire dans le plus grand calme et tout
« se termina sans aucun accident sérieux [1].

« Au confessionnal ce vénéré Père était également

---

[1] Un fait semblable eut lieu dans l'église de Machecoul.
Une mèche enflammée voltigea quelques instants au
sommet d'une colonne. Les fidèles furent saisis d'épouvante ; le Père pria, le calme se fit, la mèche enflammée
disparut. Cependant, après la cérémonie, on découvrit
que toute une guirlande de calicot avait brûlé. L'illumi-
nation avait été immense ; par suite, l'incendie eût été
épouvantable... Le Père avait prié : Dieu entendit sa
prière.

« assailli par des foules de gens : on y remarquait
« surtout un grand nombre de vieux pécheurs. Il
« leur consacrait tout le temps qu'il ne prêchait pas,
« et le soir il ne les quittait pas avant onze heures
« ou minuit.

« Parmi les grands pécheurs qu'il a ramenés à
« Dieu, je me souviens tout particulièrement d'un
« vieil ivrogne de profession. Ce malheureux qui
« avait ruiné sa famille et l'avait fait tomber dans
« la plus affreuse indigence, se trouvait depuis
« longtemps malade et abandonné dans une sorte de
« grenier. Personne n'osait aller lui porter secours,
« tant parce qu'on craignait d'être repoussé de sa
« famille, que par l'assurance d'être refusé et injurié
« par ce malheureux vieillard lui-même qui ne
« voulait plus voir personne.

« Le Père Laurent s'informa, avant son départ,
« s'il était resté plusieurs récalcitrants à la grâce.
« On lui répondit qu'il s'en trouvait tout au plus
« quelques-uns, parmi lesquels « *un qui ne devait*
« *guère compter, car il était sans espoir.* » Le Père
« parut surpris et affligé d'une telle réflexion, et dit
« qu'il ne quitterait point la paroisse, sans avoir vu
« ce pauvre homme et sans l'avoir ramené au Bon
« Dieu. Il se rend immédiatement à sa demeure et
« insiste près de ses enfants pour monter au lieu où
« il se trouve. Après mille difficultés, il pénètre
« dans un réduit sale et infect, se glisse jusqu'au
« grabat où le malheureux est enfoncé dans l'ordure ;

« il soulève les pauvres couvertures qui le tiennent
« caché et lui adresse quelques paroles pleines d'in-
« térêt et de bonté. Le malheureux vieillard repousse
« d'abord avec dureté la main charitable qui s'ap-
« proche de lui, mais le bon Père ne se rebute pas.
« Il continue de lui parler avec affection, parvient
« à lui découvrir le visage et l'embrasse tendrement.
« Le pauvre homme étonné d'une semblable action
« se trouve ému, il se met à pleurer et répond enfin
« au Père : « *Comment vous ! m'embrasser !... Ah ! vous*
« *n'avez donc pas dégoût de moi comme tout le monde ?*
« — Non, non, mon cher ami, lui répondit le bon
« Père : je vous aime trop tendrement pour cela.
« Je viens pour vous faire du bien, au corps et à
« l'âme, et je ne vous demande qu'une chose, c'est
« que vous me laissiez faire. » Le pauvre vieillard
« touché profondément laissa agir. On le retira de
« son excessive malpropreté, en nettoyant son appar-
« tement et son lit. Puis le bon Père causant avec
« lui, l'amena à faire une confession de peut-être
« plus de 50 à 60 ans. Quelques jours après, on lui
« porta la Sainte Communion, et le pauvre homme
« ne cessa plus de bénir la divine miséricorde de lui
« avoir envoyé ce bon Père, pour le retirer de l'état
« affreux où il était réduit pour le corps et pour
« l'âme.

« Il vécut encore quelques mois et mourut d'une
« manière édifiante.

« Le zèle du Père Laurent s'est porté dans notre

« paroisse jusqu'à l'héroïsme. A son arrivée on le
« prévint que le vice de l'ivrognerie y dominait ; il
« fut bientôt convaincu par lui-même de cette triste
« vérité. Vers la fin de la mission, il lui vint en
« pensée de faire le pèlerinage du Calvaire du Père
« de Montfort, nu-pieds ; — on sait que le Calvaire
« est à une lieue de la ville. Personne n'en fut
« averti, mais son secret fut bientôt découvert, on
« le suivit en foule. Rendu au Calvaire, il y dit la
« messe et revint de la même manière qu'il y était
« allé. Au moment de rentrer en ville, il reprit ses
« bas et ses souliers, mais il avait les pieds dans un
« état effrayant. »

Le 9 août 1872, M. l'abbé G... résumait en
quelques lignes ses souvenirs de la mission donnée par le Père Laurent dans la paroisse de Lavau
en 1849. « Tous les habitants, fors deux marins,
« écrivait-il, se rendirent à la grâce et firent leur
« mission. Encore les deux marins en question assis-
« tèrent-ils avec édification, et non sans être émus,
« à plusieurs exercices. Mais leur profession les
« obligeait à voguer (sic) et à leur retour la mission
« était finie. La prédication forte, puissante et sur-
« tout onctueuse du Père opéra un grand nombre
« de conversions extraordinaires.

« Tous les paroissiens le regardaient et l'hono-
« raient comme un vrai saint, au point que, le jour
« de son départ, beaucoup d'habitants se réunirent
« pour le remercier et lui faire leurs adieux les

« larmes aux yeux. Un bon vieillard, lui serrant la
« main, lui dit, avec une vive émotion, devant tout
« le monde : « Mon Révérend Père, je ne suis pas
« digne d'embrasser la terre où vos souliers ont
« marqué la trace de vos pas !... » A ce spectacle et
« en entendant ces paroles de louanges, le bon Père
« se hâta de s'enfuir. »

Disons-le ici, en passant, ce n'étaient pas seulement les simples fidèles qui avaient le Père Laurent
en vénération : « Nous avons été témoins, écrivait
« en 1871 une religieuse de Notre-Dame de Charité,
« de l'estime que faisait de lui M. l'abbé Vrignaud,
« vicaire-général de Nantes, décédé en 1850. Après
« une retraite que venait de donner le R. P. Laurent
« et à laquelle nous assistions, M. Vrignaud, prenant
« la parole, nous dit, en versant des larmes d'atten-
« drissement : « *Ah ! c'est un saint qui vous a prêché cette*
« *retraite ! Pour moi*, ajouta-t-il, *je le vénère au point*
« *que je me sens quelquefois porté à baiser la trace de ses*
« *pas. Sa parole de feu embrase mon cœur d'une ardeur*
« *toute nouvelle, chaque fois que j'ai le bonheur de l'en-*
« *tendre.* » Combien d'autres ont éprouvé la même
impression et parlé comme ce vénérable vicaire-
général !

Au moment où nous écrivons ces lignes, une supérieure de communauté, à laquelle je demande si
elle a connu autrefois le Père Laurent : « Oh oui,
je l'ai connu ce bon Père, me répond-elle avec un
accent d'admiration qu'elle ne tient pas à dissimu-

ler : j'étais alors novice à la maison-mère de Saint-Gildas. Il nous donnait la retraite. Quel saint, mon Père, quel saint ! Comme il était dévoré de zèle et comme il nous faisait aimer Dieu [1] ! »

Un jeune abbé disait un jour : « De tous les prédicateurs que j'ai entendus jusqu'ici, il n'y en a pas qui m'ait fait plus d'impression que le R. P. Laurent. La retraite qu'il nous a prêchée au Séminaire a été si fructueuse que je m'en souviendrai toute ma vie. »

[1] Beaufort (Maine-et-Loire), décembre 1887.

CHAPITRE VI

À l'exemple du divin Maître, le Père Laurent
cherchait et poursuivait les âmes avec une sorte de
passion. Il voulait à tout prix les gagner à Dieu.
Parfois la sagesse du monde put trouver à redire
aux industries de son zèle : il le savait bien ; mais
que lui importait le jugement des habiles de la
terre ?

Je raconterai ici plusieurs conversions opérées
par l'homme de Dieu. Les finesses du siècle ne
furent pas ses armes, j'en conviens ; il réussit pourtant et combien de fois ces conversions parurent
merveilleuses ! D'autres n'auraient pas même tenté
l'entreprise : c'est plus commode sans doute ; est-ce
plus apostolique ?

Le Père Laurent prêchait à Abbeville en Picardie.
Il était fort goûté et très suivi. Parmi ses auditeurs
il avait remarqué un vieillard d'une tenue irréprochable et qui prêtait une attention particulière à la

prédication. Un jour il demanda au curé quel était ce beau vieillard dont l'assiduité au sermon le consolait. « Mon bon Père, lui répondit le pasteur, c'est tout simplement un ancien perruquier, très honorable d'ailleurs et jouissant autrefois d'une grande réputation d'habileté dans son état; il a travaillé longtemps et non sans faire d'assez beaux profits. Depuis quelques années il a donné congé à ses pratiques et vit modestement de ses rentes. Malheureusement il a grandi et vieilli loin de Dieu; il n'approche jamais des sacrements. — Eh bien, monsieur le curé, j'irai voir ce cher Monsieur, et, avec le secours du Ciel, je tâcherai de l'amener à la table sainte. » Le Père Laurent avait une très belle chevelure, d'un blanc de cygne, ordinairement assez longue et vraiment fort bien entretenue [1]. Sous pré-

---

[1] J'ai un jour entendu un prêtre fort ami du Père Laurent dire avec un petit grain de malice : « Le Père Laurent est propret; il a toujours la chevelure bien peignée et les pieds bien chaussés. »

Ce qui pouvait être dit avec un léger ton de critique, ne serait-ce pas au fond un éloge? Pour tous, la propreté est une bonne qualité, pour quelques-uns elle peut être l'occasion de plusieurs actes de vertu. Et qui ne sait qu'elle n'est pas d'ordinaire la qualité ou la vertu dominante des vieillards? Si les vices de la jeunesse, dit l'Esprit-Saint, se retrouvent trop souvent dans la vieillesse, on aime à constater que le petit Augustin si propre et si ami de l'ordre dès l'âge de dix ans, ne l'était pas moins à l'âge de soixante et soixante-quinze ans. Nous le verrons, à l'heure même de sa mort, préoccupé encore de la propreté.

texte de se faire tailler les cheveux, il se rend chez
le coiffeur retraité. « Monsieur, lui dit-il après les
premières civilités, permettez-moi de vous demander
un service. Je sais qu'après avoir longtemps exercé
avec une juste réputation la profession de coiffeur,
vous ne le faites plus aujourd'hui. Je serais heureux cependant que vous voulussiez bien me rendre
le service de me faire les cheveux, car je n'aime pas
confier ma tête au premier venu. — Oh ! monsieur
le prédicateur, vous êtes trop flatteur !... mais enfin,
puisque vous me faites l'honneur de me demander
ce petit service, je reprendrai volontiers les armes
et vous n'aurez pas regret de m'avoir confié votre
magnifique tête ! » Et à l'instant même il se met en
devoir de faire tous les préparatifs nécessaires en
pareille circonstance.

La scène se passe dans la plus belle pièce de la
maison où le Père a été reçu. Je laisse la parole au
Père Laurent qui voulut bien raconter cette singulière visite devant plusieurs de nos Pères. L'un d'eux
a pris la peine de m'en écrire les détails, il y a
quelques jours [1].

« Il me fait asseoir au milieu de la chambre ; puis,
« se mettant à distance, il considère mon visage ; il
« tourne ensuite lentement autour de moi, faisant

---

[1] Le P. M..., successeur du P. L.... dans la direction de
l'Association de Notre-Dame-de-Bonne-Garde à Nantes
en 1871. — Lettre du mois de décembre 1887.

« des pauses, toujours à distance, et m'examinant
« sous toutes les faces.

« Monsieur, me dit-il ensuite avec une sorte de
« solennité qui dans toute autre circonstance aurait
« fait éclater de rire, monsieur, ne vous étonnez
« pas : je considère le moral de votre personne.
« L'expérience m'a appris que le physique, pour
« être bien, doit être en rapport avec le moral de la
« personne, et c'est d'après ce principe que je me
« règle dans la coupe des cheveux. — Très bien,
« monsieur, très bien : je me confirme de plus en
« plus dans les sentiments d'estime que vous m'avez
« inspirés. » Et l'artiste se mit sérieusement à
l'œuvre.

La toilette finie, ajoutait le Père Laurent, je le
complimentai encore du mieux qu'il me fut possible,
et le remerciant avec effusion : « Monsieur, lui dis-je
en lui prenant les deux mains, je ne saurais reconnaître un tel service à prix d'argent. D'ailleurs étant
religieux et pauvre par état, que pourrais-je vous
offrir ? Je sais du reste, monsieur, que vous n'ac-
cepteriez pas... Mais je puis, avec la grâce de mon
Dieu, vous donner mieux que de l'argent. Je suis
venu vous demander un service, vous me l'avez
rendu avec la plus aimable charité. Venez à votre
tour m'en demander un autre : oui, venez me demander d'entendre votre confession, de vous accorder le pardon de vos péchés, de vous réconcilier
avec le bon Dieu qui sera votre récompense ! » Le

vieillard, ému jusqu'aux larmes, ne put résister aux
encourageantes paroles du Père ; il promit sur-le-
champ de venir le trouver et de se confesser. Le
jour même il accomplit sa promesse, il se confessa,
et quelques jours plus tard il s'approchait de la
table sainte : cet homme était converti. Le Père
Laurent étant retourné chez lui pour lui rendre
visite : « Ah ! mon bon Père, s'écria le vieillard tout
ému, ah ! mon bon Père, que de reconnaissance je
vous dois ! quelle joie, quel bonheur vous m'avez
procuré ! Vous m'auriez donné vingt mille francs,
je ne serais pas si heureux ! » Et fondant en larmes,
il se jetait au cou du Père non moins ému que lui.
A quoi tient souvent le salut d'une âme ?

Voici une autre conversion dont le récit est de
venu légendaire à la résidence de Nantes ; il inté-
ressera certainement nos lecteurs ; je dis plus, il
pourra faire réfléchir certains confesseurs.

Le Père Laurent venait d'arriver dans une assez
grosse paroisse du diocèse de Nantes pour y prêcher
une mission. Selon son habitude, il commença par
s'informer auprès du curé de l'état de sa paroisse,
des dispositions des habitants et des fruits qu'on
pouvait espérer de son ministère. « Ah ! mon bon
Père, répondit M. le curé, j'espérerais tout, s'il y
avait un homme de moins dans ma paroisse. Cet
homme exerce une influence déplorable parmi notre
jeunesse ; il assiste, il est vrai, à la messe le dimanche ; mais impossible d'obtenir de lui qu'il se

confesse, et sur ce point, hélas ! il n'a que trop d'imitateurs. S'il faisait sa mission, mon Révérend Père, si, lui, faisait sa mission, toute la paroisse le suivrait ; mais il ne la fera pas, non, *il ne se confessera pas*. Il viendra bien vous entendre prêcher ; mais, je le connais, vous ne l'amènerez pas à confesse. C'est un ancien militaire ; il est depuis longtemps garde-champêtre de la commune. — *Garde-champêtre* de la commune ! fit le Père Laurent. Où demeure-t-il ? monsieur le curé, je veux aller le voir. » Le curé branla la tête, comme pour dire : peine inutile, et, indiquant la demeure qui se trouvait à quelque distance du bourg : « Que Dieu vous accompagne et bénisse votre visite, » ajouta-t-il. Le Père prend son chapeau et part. Il fut bientôt arrivé. « Bonjour, monsieur le garde-champêtre, dit-il avec son ton affectueux et parfois un peu solennel, au vieux soldat étonné : bonjour, monsieur le garde-champêtre. Envoyé par Mgr l'Évêque dans cette paroisse, pour y donner la mission, je m'empresse, selon ma coutume en pareil cas, de rendre visite *aux autorités*, et je serais bien heureux, si la démarche que je fais en ce moment pouvait vous être agréable. — Oh ! pour cela, monsieur le missionnaire, vous pouvez en être sûr ; oui, vous me faites un grand plaisir. » Notre homme, extrêmement flatté, fait asseoir le Père et le comble de politesses. Il n'était point dépourvu d'intelligence et avait du savoir-vivre. La conversation fut bientôt engagée et le Père n'eut pas de peine à lui faire raconter sa vie militaire et les mille incidents de cette vie trop riche en aventures peu chrétiennes. C'était déjà une demi-confession. « Mais, monsieur le garde-champêtre, vraiment il y a eu de fort belles actions dans votre passé de soldat, vous avez été brave, je vous en fais mes compliments ; et je vous félicite en même temps de la manière intelligente et si honorable avec laquelle vous remplissez actuellement vos fonctions. — Oh ! monsieur le missionnaire. — Oui, monsieur, tout cela est parfait, et j'espère bien que vous continuerez à exercer votre bonne influence sur la population, en venant avec ces excellentes gens écouter la parole de Dieu. — Je vous l'affirme, monsieur le missionnaire, j'irai certainement vous entendre prêcher et ce sera pour moi un bonheur. — Et puis, mon bon monsieur, reprit le Père d'un ton caressant, vous ferez, vous aussi, votre mission, vous viendrez vous confesser ! — Ah ! pour cela, impossible, impossible, reprit le garde-champêtre d'un ton qui sentait le commandement, non, cela je ne puis vous le promettre. » Le Père, devant ce refus catégorique, ne perd pas confiance : il multiplie les questions, demande la cause de cette impossibilité, presse, harcèle notre homme et n'obtient que des réponses vagues dont il ne peut se contenter. « Du moins, mon cher monsieur, vous pourriez me dire s'il y a longtemps que vous ne vous êtes confessé. — Cela, oui, je puis bien vous le dire, monsieur le missionnaire. Écoutez-moi, voici : jusqu'à dix-sept ans j'étais bon garçon, j'étais pieux, même très pieux ; je me confessais et communiais souvent : foi de soldat, jusqu'à cet âge-là, monsieur le missionnaire, jusqu'à dix-sept ans, je n'avais commis aucun gros péché... Par malheur, monsieur le missionnaire, à dix-sept ans je commis une grosse faute. Comme elle me pesait là sur le cœur, j'allai de suite me confesser à M. le curé. Il se fâcha, il me dit d'un ton très fort : *Tu es damné !* A mon tour, moi aussi je me fâchai et je répondis à M. le curé : Eh bien, puisque je suis damné, je n'ai plus besoin de me confesser, je ne remettrai plus les pieds dans votre boîte. Et m'approchant de l'autel de la Vierge, — tenez, monsieur, je vois encore ça d'ici, — je levai la main vers la Vierge et je fis serment, entendez-vous, je fis serment de ne plus jamais me confesser. Vous voyez bien que je ne puis manquer à un serment aussi solennel. » Que fit alors le Père Laurent ? Sans discussion, sans explication, il se lève d'un air majestueux et fixant avec solennité le garde-champêtre encore tout ému de ce qu'il venait de dire : « Monsieur, lui dit-il du ton le plus grave et quasi inspiré, j'ai tout compris... mais, à votre tour, écoutez-moi bien : En vertu des pouvoirs, à moi missionnaire conférés par la sainte Église catholique, apostolique, romaine, je vous délie de votre serment, au nom du Père et du Fils et du Saint Esprit. Ainsi soit-il. Et désormais vous pouvez et vous devez vous confesser. Venez au plus tôt me trouver. Dieu est bon, vos péchés vous seront pardonnés et vous aurez le bonheur de faire votre mission... »

Le garde-champêtre venait quelques jours après se jeter aux pieds du Père, et faisait une excellente confession. Toute la jeunesse suivit son exemple et les fruits de la mission furent admirables. Que tout missionnaire doive recourir à de pareilles industries, nous n'avons ni la prétention de le dire, ni même l'intention de le conseiller. Il nous sera du moins permis de répéter avec le sage : « Dieu bénit souvent la simplicité de ceux qui ne recherchent que sa gloire : *Cum simplicibus sermocinatio ejus.* » (Prov. 3, 32.)

Un vieux révolutionnaire, bourgeois assez à l'aise, ne voulait pas entendre parler d'aller à l'église de la paroisse de X.... où le Père prêchait les exercices d'une mission. Averti de ce scandale et de l'âge avancé du malheureux vieillard, le Père lui fit demander par sa domestique, s'il voudrait bien lui accorder la permission de se promener dans son beau jardin. Peu flatté de la supplique, mais voulant garder quelques convenances, il fait répondre que M. le Prédicateur peut venir et se promener tant qu'il voudra. Toutefois il s'en tient là et se garde bien de recevoir en personne et d'accompagner le malencontreux visiteur. Le Père, introduit par la servante, pénètre dans le jardin, s'y promène dou-

cement, en admire la belle disposition et surtout
s'extasie à la vue de certaines fleurs. « O ma bonne
fille, que je serais heureux de connaître les noms de
ces magnifiques fleurs! Que monsieur votre maître
serait aimable, s'il daignait prendre la peine de me
les indiquer! » — Le vieux révolutionnaire n'était
pas loin et le Père le savait bien, il entendait tout.
Murmurant au fond du cœur et peut-être blasphé-
mant contre ce prêtre curieux, mais ne voulant pas
être impoli, il s'approche et saluant froidement :
« Monsieur le Missionnaire, lui dit-il, je suis à vos
ordres et volontiers je vous dirai les noms de mes
fleurs. » — Et, ce disant, il se promène avec le Père
dans son jardin. C'était le moment de la grâce. Le
Père, bien entendu, renouvelle ses cris d'admiration
à la vue de ces merveilleuses fleurs, il félicite le
propriétaire ; puis, peu à peu remontant jusqu'au
Dieu qui a peuplé le monde de ces richesses infinies,
il entame le chapitre des bontés, des miséricordes
de ce grand Dieu... Et voilà que le vieillard prête
volontiers l'oreille, questionne le Père à son tour...
Bref, avant de quitter le jardin, le missionnaire a
conquis les sympathies du vieux pêcheur, il lui a
fait promettre qu'il viendrait lui rendre visite et,
qui mieux est, qu'il se confesserait!

Quelques jours après, le Père Laurent disait à
M. le curé de faire préparer une place particulière
dans son église pour un notable du pays. « Je l'ai
invité, dit-il, et ce monsieur désire prendre part à

la communion générale de vos excellents paroissiens. »

Quelle ne fut pas la surprise et la joie du pasteur, lorsqu'il vit, à la clôture de la mission, le vieux révolutionnaire converti s'approcher de la table sainte ! L'apôtre avait une fois encore, par sa charité et les industries de son zèle, triomphé d'un pécheur obstiné. Le curé et tous les habitants de la paroisse en furent également édifiés ; ils en témoignèrent leur reconnaissance à Dieu et au missionnaire.

Une des premières missions du Père Laurent dans le diocèse de Nantes fut celle qu'il donna en 1838 à Frossay, gros bourg de 3.000 habitants environ. C'était la paroisse d'un nommé Béchu, révolutionnaire fameux par ses blasphèmes et tous les vices, qui entrait comme en convulsion lorsqu'on parlait de religion en sa présence. Le nom de Béchu était connu dans toute la contrée et les gens honnêtes en avaient horreur.

On était aux derniers jours de la mission et Béchu n'avait pas paru à l'église. Une femme, qui venait d'achever sa confession, crut devoir dire au Père Laurent que le fameux Béchu avait fait entendre qu'il se confesserait peut-être, si le missionnaire venait le visiter. — « Mais je n'ai pas le temps, répondit le Père Laurent : c'est demain la communion générale, et vous voyez bien quelle multitude entoure mon confessionnal! » — Cependant l'observation de cette pieuse femme préoccupa le Père toute la matinée: il voyait l'âme de ce malheureux sur le seuil de l'enfer et prête à tomber dans l'abîme éternel. A midi se trouvant avec les prêtres, ses auxiliaires dans la mission, il crut devoir leur exposer le cas. — D'un avis à peu près unanime ils lui répondirent qu'il n'y avait pas à songer à ce misérable! Béchu est loin du bourg, les confessions commencées en grand nombre doivent être terminées : ce serait un crime de les laisser inachevées. Le Père Laurent parut souscrire à cet avis. « C'est vrai, dit-il, nous partons demain, nous sommes présentement écrasés de besogne ; que pourrais-je obtenir de cet infortuné en si peu de temps ? — Mon Père, je ne pense pas comme vous, reprit alors un ecclésiastique qui avait jusqu'ici gardé le silence et dont la réputation parmi ses confrères était plutôt celle d'un rigoriste que d'un directeur facile. Qui sait ? ce malheureux Béchu serait peut-être touché de votre bonne visite! Peut-être il vous ouvrirait sa conscience, vous lui accorderiez l'absolution, et, s'il le fallait pour l'exemple, vous remettriez à plus tard la communion. A votre place, j'irais le voir. » Le Père Laurent fut enchanté de l'observation. Il avait au fond du cœur la même pensée, mais craignant de scandaliser ses confrères par une excessive indulgence, il n'avait osé agir seul contre tous. Du moment où un de ses confrères et un confrère rigide était pour l'affirmative, il n'hésita plus. Se levant de table et appelant quelqu'un pour l'accompagner : « *Allons*, dit-il, *allons chez Béchu* ; marchez devant moi, je vous suivrai à distance, récitant mes prières. »

Ils cheminent dans les sentiers boueux, sous une pluie battante, et arrivent à la maison de Béchu. Ils entrent aussitôt et voient assis au coin du foyer un vieillard couronné de cheveux blancs, et près de lui une femme d'un âge assez avancé. — « C'est bien ici la maison de maître Béchu ? dit le Père Laurent, d'un ton grave et quasi autoritaire. — Oui, Monsieur, répondent l'homme et la femme. — Eh bien, Madame, sortez un instant ; j'ai affaire à votre mari. — Mais, que voulez-vous ? dit le vieillard étonné. — Maître Béchu, je suis le Père missionnaire, et je viens pour entendre votre confession. — Ma confession ? Mais, Monsieur, je ne veux pas me confesser. — Je ne vous demande pas si vous voulez vous confesser... Écoutez, mon ami. J'ai laissé tout à l'heure cinquante hommes qui m'attendent à l'église. J'ai affronté les difficultés de la route, vous voyez en quel état je suis ! J'ai prié pour vous tout le long du chemin. Tout cela ne peut rester inutile. Je ne m'en irai pas d'ici que je n'aie mis sur mon cœur le fardeau de vos péchés, » et se tournant vers la femme ahurie : « Madame, je vous en prie, laissez-moi seul avec maître Béchu. »

La femme sort, et le Père Laurent, sans y être invité, s'asseoit à côté du terrible révolutionnaire. « Vous voulez recevoir ma confession, reprit Béchu ; mais savez-vous, M. le Missionnaire, quel est mon âge ? J'ai 75 ans. — Bien ! Depuis quand avez-vous fait votre première communion ? — J'avais 13 ans. — Donc il y a 62 ans. Et depuis vous n'avez jamais plus communié ? — Jamais. — Eh bien, mon ami, il faut faire une confession générale : commençons. — Mais Monsieur le Missionnaire, je n'ai pas de mémoire. — Soyez tranquille... « La conversation s'engage plus sérieusement. Au bout de quelque temps le Père Laurent dit au vieillard : « Mon ami, voici votre confession finie. » A l'instant le vieil impie, la terreur de la contrée par ses blasphèmes et ses vices, tombe à genoux et la tête inclinée devant le Père, il se met à sangloter... Les trésors de la divine miséricorde s'ouvraient pour cette âme : le Père Laurent mêlant ses larmes à celles du vieux prodigue, accordait au repentir un pardon inespéré, puis le relevant il le serrait tendrement sur son cœur. En vérité, il pouvait dire encore une fois : *Congratulamini mihi, quia inveni ovem meam, quæ perierat...* « Félicitez-moi, j'ai retrouvé celui qui était perdu. » (S. Luc, xv, 6). Le Père Laurent, en ayant obtenu la permission de Béchu, dit à la femme qui rentrait au logis : « Voici votre mari, Madame ; il était tout à l'heure le fils du diable, le voici maintenant enfant de Dieu ! — Ah ! je l'espère bien, dit le vieillard éperdu et inondé de larmes ! Pourquoi ai-je différé si longtemps de chercher la paix et le bonheur dont je jouis présentement ? » Et s'adressant à sa femme : « Mais toi, ma pauvre femme, toi aussi, après m'avoir suivi dans mes crimes, suis-moi dans ma pénitence, confesse-toi, et tu seras remplie de la joie dont je suis comblé en ce moment. »

La femme promit tout, séance tenante, et l'heure fut assignée pour l'entendre au tribunal sacré dans l'église.

Le lendemain se faisait la communion générale. Le nouveau converti voulut y assister comme témoin. Après la cérémonie, le Père Laurent, qui avait vu notre homme priant dans un coin de l'église, vint le trouver et lui dit d'un ton affectueux : « Oh! mon cher ami, comme je vous remercie de m'avoir donné l'occasion de vous revoir avant de partir! » et, devant tout le monde il le serra dans ses bras... Stupéfaction générale! « Béchu, se demandait-on, se serait-il donc confessé? »

La suite répondit à ces beaux commencements.

A partir de ce jour, le vieux révolutionnaire ne fit plus entendre un seul blasphème. Il vint bientôt trouver le vicaire et se confessa de nouveau; de janvier à Pâques, il s'approcha trois fois de la table sainte. Deux ou trois fois par semaine, malgré les mauvais chemins, la rigueur de la saison et son extrême vieillesse, il se rendait à l'église pour entendre la sainte Messe. En un mot Béchu le blasphémateur et l'infâme était devenu l'exemple et l'apôtre de la paroisse et de tout le voisinage. Il réparait dignement ses scandales.

Après les fêtes de Pâques, le Père Laurent devait revenir à Frossay et sur le bord de la Loire une foule de gens attendaient le bateau. Dans cette foule se trouvait Béchu. Reconnaissant le Père qui descendait sur la rive, le brave homme tendit affectueusement ses bras vers lui, comme pour l'embrasser et, dans la joie de son cœur : « C'est vous, c'est vous, mon bon Père, s'écria-t-il, vous, mon vrai sauveur ! Ah ! si vous n'étiez venu ici faire la mission, dans quel abîme serais-je resté, et que serais-je devenu ? » Peu d'heures après, Béchu venait s'asseoir à la table sainte, preuve nouvelle de sa persévérance.

Un autre pauvre pêcheur, converti par le Père Laurent dans cette même paroisse, lui écrivait un jour : « *Avec vous, mon bon Père, marche la miséricorde de Dieu. C'est pour cela que personne ne vous résiste !* » Quel magnifique témoignage rendu à l'apostolat du serviteur de Dieu !

Un condamné à mort, âgé à peine de 30 ans, avait résisté à toutes les démarches faites près de lui par plusieurs prêtres. Le Père Laurent, appelé comme en dernier ressort, avait également échoué près de ce forcené. Il ne restait plus que trois jours avant l'exécution. Le Père, voulant à tout prix sauver cette âme, s'en va à la chapelle de la prison, fait un vœu à Dieu pour la conversion de ce malheureux, puis revient au cachot, s'assied sur une pierre humide à côté du condamné, et cette fois parvient à lui faire raconter sa vie, à peu près dans tous les détails.

Tout à coup le Père interrompt la conversation, se lève, regarde en face, d'un air menaçant, le misérable dont la vie avait été horrible et qui, dans deux ou trois jours, allait être exécuté : « Eh bien ! malheureux, lui dit-il d'une voix tonnante, voilà ta vie ! Tu le vois, c'est ta confession que tu viens de faire. Que de crimes, que de crimes !... Je puis pourtant te les pardonner, te fermer l'enfer, t'ouvrir le Ciel !... Que veux-tu, misérable ? Tu n'as plus que quelques heures à vivre ici-bas ! ton sort éternel est entre tes mains... Repens-toi, repens-toi !... A cette condition, au nom de Jésus-Christ, je t'accorderai le pardon de tes crimes !... » A l'instant le prisonnier, terrassé par une force qu'il ne peut comprendre, fond en larmes et s'écrie : « *Mon Père, qu'il est doux de pleurer ! Je ne l'avais pas fait depuis l'âge de huit ans !...* » Puis se jetant aux genoux du Père, il se confessa..... Deux jours après, la justice humaine faisait son devoir, mais la miséricorde divine avait triomphé : le condamné mourait avec tous les signes d'un prédestiné.

Un malade allait expirer dans un hôpital, sans

vouloir se réconcilier avec Dieu. Le Père Laurent, mandé près de lui, échoue, comme les autres ; pour cet homme la religion n'était qu'un vain mot. Le temps pressait. Désolé, le Père va se jeter à genoux dans la chapelle de l'hôpital et prie avec sa ferveur ordinaire pour le moribond endurci. Sa prière faite, il revient près du malade, veut l'amener à reconnaître son déplorable état : peine inutile, il ne peut obtenir le moindre signe de repentir. De nouveau, le Père retourne à la chapelle et cette fois il s'avance jusqu'aux degrés de l'autel, et prie Notre Seigneur avec un redoublement de ferveur et de confiance.

Il rentre dans la salle, où va bientôt expirer le malheureux impénitent ; il recommence à lui parler de son âme, de son éternité... de l'enfer réservé au pécheur qui ne veut pas demander miséricorde !... — Silence de désespéré, nul signe de contrition ! Qui donc aura le dernier mot ? Le Père Laurent ne perd pas courage : il revient une troisième fois à la chapelle, monte à l'autel, ouvre le Missel et mettant la main sur le saint Évangile : « Mon Dieu, dit-il en regardant le tabernacle, vous avez affirmé dans vos saintes Écritures, que vous ne vouliez pas la mort du pécheur ! Eh bien ! je vous somme de tenir parole... Accordez-moi la conversion de cet infortuné qui va mourir ! » Il adore son Dieu et rentre dans la salle... O merveille de la confiance audacieuse et de la foi du saint religieux ! il trouve

le moribond tout changé, il le confesse dans les dispositions les plus consolantes et il peut une fois encore
chanter les miséricordes du Sauveur des âmes !

Je termine cette série de conversions opérées par
le zèle industrieux du Père Laurent : elle est longue
et pourtant il me serait facile de l'augmenter encore.
Je devrais par exemple raconter l'histoire de l'*Abat-
teur de Croix*, forcené qui, dans un accès de rage,
avait renversé la croix d'un calvaire, avait foulé
le Christ aux pieds, l'avait mis en pièces, et,
pour en faire perdre le souvenir, en avait caché les
débris en terre. — Le Père Laurent faisant mission
sut si bien apprivoiser ce barbare, qu'il l'amena à
reconnaître ses crimes, à les confesser, à en faire
pénitence ; et le Divin Crucifié lava encore dans son
sang la conscience de ce bourreau converti !... Que
de faits semblables je pourrais ajouter ! — Oui,
« *avec le Père marchait la miséricorde de Dieu.* »

CHAPITRE VII

Il m'en coûterait de ne pas mentionner d'une
façon toute particulière la mission que le Père
fut appelé à donner en 1865 dans la prison de
Clairvaux. J'ai entre les mains un compte rendu,
écrit par un témoin oculaire, qui, dans un style
enthousiaste peut-être mais plein de cœur, fait
assister à cette magnifique mission, dont le succès a
dépassé les espérances. Je ne puis, à mon grand
regret, offrir au lecteur que le pâle et très court
résumé de cette vingtaine de pages. Je crois du
moins accomplir un devoir, en ne passant pas sous
silence ce ministère, hélas ! trop peu favorisé de nos
jours.

Personne n'ignore que la magnifique abbaye de
Clairvaux, illustrée au xiie siècle par saint Bernard,
est devenue en notre siècle le séjour des larmes et
de la douleur, une prison d'État.

En 1865 la religion exerçait encore avec une certaine liberté sa douce influence dans cet asile, où la justice humaine renferme tant de victimes des mauvaises passions.

Grâce au zèle des aumôniers et à l'esprit chrétien du directeur de la maison [1], il fut possible à cette époque de procurer aux malheureux détenus, outre les consolations ordinaires de la foi, le bienfait exceptionnel d'une mission et du Jubilé accordé par l'immortel Pie IX. Le Père Laurent en fut le principal apôtre, aidé d'ailleurs par le Père Hacquin venu également de la résidence de Nantes [2]. Pendant trois semaines tout le personnel de l'établissement vint entendre, matin et soir, la parole de Dieu dans la vaste et magnifique église de l'abbaye, prit part aux prières, aux chants et aux cérémonies organisées par les missionnaires et ainsi se disposa à la réception des sacrements. Cinq prêtres étaient là, attendant au saint tribunal les pauvres pécheurs. Nul n'était forcé de s'y rendre ; je dois même ajouter

[1] M. Lucas était alors l'administrateur de la maison, MM. Nochez et Stanislas Isembert en étaient les aumôniers.

[2] Le Père Léon Hacquin, né le 20 octobre 1813, entré dans la Compagnie de Jésus, le 8 août 1844, est mort à Versailles, le 24 janvier 1880. Son principal ministère fut celui de la prédication qu'il remplit jusqu'à la fin, et souvent en dépit des plus violentes douleurs de tête. Pendant la guerre de 1870-1871 il s'est signalé par son dévouement au service de nos malheureux soldats dans les ambulances du Mans.

qu'ils n'y étaient admis que sur leur demande formelle.

Une cérémonie des plus émouvantes eut lieu un des jours de cette mission. Ce fut l'amende honorable, sorte de confession publique et générale de toutes les fautes commises contre Dieu, contre le prochain, contre soi-même. Le Père Laurent présidait. Il expliquait, dirigeait du haut de la chaire cette manifestation solennelle du repentir. Dans le silence de la nuit, sous les voûtes d'un sanctuaire splendidement illuminé, le zélé missionnaire fit passer dans les âmes de ses auditeurs les sentiments qui débordaient de son cœur. Le sermon achevé, l'aumônier de la maison, assisté de deux prêtres revêtus comme lui des ornements sacerdotaux, transporte processionnellement le Saint-Sacrement dans l'église, au milieu de la foule recueillie. Douze détenus, six pères de famille et six jeunes gens, les accompagnent, le cierge à la main, faisant ainsi la garde d'honneur autour de la Divine Eucharistie. On arrive au maître autel. Alors retentit le chant du *Parce, Domine, parce populo tuo !* et le célébrant se retourne vers l'assemblée et présente la Sainte Hostie à l'adoration de tous... Les deux prêtres assistants font une triple prostration et viennent baiser le pied de l'ostensoir. Les douze détenus s'approchent à leur tour et adorent la Croix qui leur est présentée. Cela fait, les trois prêtres descendent les degrés de l'autel, récitent le *Confiteor.*

comme au commencement de la messe et psalmodient ensuite quelques versets du *Miserere*. L'assemblée entière était attendrie... Soudain, au signal du Père, tous les hommes, TREIZE CENTS, se relèvent, et la main étendue vers le tabernacle, font retentir par trois fois avec une énergie et un ensemble indescriptibles cette touchante supplication : *Mon Jésus, miséricorde !... Mon Jésus, miséricorde !... Mon Jésus, miséricorde !...* C'était à fendre le cœur !... Aussi bien, quelle émotion dans tous les assistants !...

La cérémonie de la rénovation des promesses du baptême fut plus imposante encore; et le narrateur, dont nous abrégeons le récit, aime à répéter qu'il lui est impossible de retracer les scènes émouvantes qu'il a vues, plus impossible de dire ce qu'il a ressenti au fond de son cœur. « Je vois encore, écrit-il, le zélé missionnaire animant de la voix et du geste ses nombreux auditeurs, les soulevant, les entraînant avec lui aux pieds de Notre-Seigneur Jésus-Christ, le montrant caché dans l'adorable sacrement, et leur faisant à trois reprises ces interrogations dont il leur a expliqué la portée : « *Mes amis, mes enfants ! Renoncez-vous au démon ? — Renoncez-vous aux pompes du démon ? — Renoncez-vous aux œuvres du démon ?* » Et j'entends à chaque fois la réponse solennelle, faite par ces treize cents hommes : « *J'y renonce ! — Abrenuntio !* » Puis, cette renonciation faite : « *A qui donc*, reprend le Père Laurent, *à qui donc voulez-vous appartenir ? faites-en le serment,*

℟. A Jésus-Christ. — Pour combien de temps ? ℟. Pour toujours ! » L'entrain fut si grand, si unanime, que le Père électrisé lui-même fit un nouvel appel : « Mes enfants, est-ce bien vrai ? Dites, à qui voulez-vous appartenir ? ℟. A Jésus-Christ. — Et pour combien de temps ? ℟. Pour toujours ! » Ce fut une explosion formidable que ce cri de fidélité s'échappant de ces cœurs habitués à d'autres accents ! « Toute parole nous « manque pour retracer cet émouvant spectacle, « mais nous, qui en avons été les témoins, nous ne « l'oublierons jamais ! »

Le 24 septembre, à huit heures du matin, Mgr l'évêque de Troyes [1], accompagné de ses vicaires-généraux, faisait son entrée solennelle dans la chapelle parée comme aux plus beaux jours de fête. Vraiment on pouvait se croire ailleurs que dans une prison ! Ces pauvres détenus, dont la physionomie est d'ordinaire si sombre, paraissaient épanouis et joyeux ; la paix était dans leurs cœurs. Huit cents hommes s'approchèrent de la table sainte : Monseigneur voulut lui-même leur distribuer le pain des forts... Dans l'après-midi, plus de cent cinquante reçurent le sacrement de Confirmation.

O Religion sainte, c'est toi qui tends la main à tous les malheureux, c'est toi qui les empêches de tomber dans le désespoir ! c'est toi qui les relèves et les régénères !

[1] Mgr Emmanuel-Jules Ravinet.

« *Oui,* » disait un de ces pauvres prisonniers à celui dont j'analyse le récit, « *oui, Clairvaux est un séjour bien dur et bien triste ; mais je le préfère maintenant à ce milieu impie et corrupteur du monde, où l'on trouve tant de dangers pour son salut. Ici on peut réfléchir sérieusement, on voit clair au fond de sa conscience. Je dois y rester encore quelque temps ; j'en profiterai pour faire pénitence de mon passé et m'affermir contre les dangers de l'avenir !* »

Mais pour manifester de tels sentiments, il faut, qui pourrait en douter ? avoir retrempé son âme aux sources de la foi ; il faut se souvenir de son baptême, des droits de Dieu, de l'éternité... Qui donc ne bénirait les apôtres dont le dévouement pénètre jusqu'au fond des cachots, et parvient à raviver ces souvenirs, à faire renaître l'honneur, l'espérance dans des âmes avilies et trop souvent désespérées ? Et que penser, que dire d'un gouvernement qui, prenant à tâche d'écarter de ces tristes asiles le messager de la divine miséricorde, ferait dès ici-bas de la prison un enfer anticipé ?

CHAPITRE VIII

Le Père Laurent était à Nantes depuis dix-sept ans. Soutenu par la grâce divine et servi par son tempérament de fer, il travaillait dans le diocèse avec un zèle et des fruits de salut dont on parle encore de nos jours. Nous dirons bientôt les merveilles de son apostolat dans la ville même de Nantes. Il semble donc que le fervent religieux ne pouvait rien faire de plus pour la glorification de Dieu et pour le salut des âmes. Je me trompe, il pouvait avoir le désir d'une plus héroïque immolation : l'Esprit-Saint le lui inspira, et il ne tint pas à lui que ce désir ne fût réalisé. Il demanda, en 1853, la faveur *d'être membre de la mission la plus sublime qui puisse se rencontrer, parce que c'est la plus crucifiante*, je veux dire, la mission de Cayenne [1].

[1] C'est ainsi que le Père Herviant caractérisait la mission de Cayenne, dans une lettre qu'il écrivait le 13 janvier 1853. Il mourut dans cette mission le 12 juin suivant, après six mois seulement d'apostolat au milieu des détenus politiques. Il n'avait que 43 ans. On ne peut lire sans émotion la lettre ci-dessus indiquée. (Voir *Mission de Cayenne*, Paris, Charles Douniol, 29, rue de Tournon, 1858.)

Le gouvernement français s'était décidé à mettre au large, sur les plages lointaines et dans les îles de l'Océan, une partie de la population des bagnes, population qui accrue prodigieusement par la diffusion de l'impiété, devenait pour la mère-patrie une menace et un scandale. On voulait punir tous ces révoltés, on espérait en réhabiliter un certain nombre et en faire d'honnêtes colons.

La Guyane française avait été choisie pour être le siège de la déportation et par suite de la colonisation projetée.

Le gouvernement d'alors — (c'était aux derniers mois de la République de 1848), — comprenait que les gardiens et les soldats armés n'aboutiraient jamais à un résultat sérieux de moralisation sans la présence et le concours du prêtre. Dans ce but il s'adressa à des prêtres séculiers et même à quelques supérieurs de Congrégations religieuses. Les uns et les autres, malgré leur bonne volonté qui ne peut être mise en doute, déclinèrent ce ministère. Les Jésuites qui, au siècle précédent, avaient travaillé dans la Guyane française parmi les noirs et parmi les blancs, ne reculèrent pas devant cette ingrate mission ; leurs services furent agréés par le Président de la République, Louis-Napoléon ; et, le 25 avril 1852, cinq Religieux de la Compagnie de Jésus quittaient le port de Brest avec un premier convoi de *transportés*. 783 personnes étaient sur la frégate.

Le Père Hus était le supérieur des Pères en partance avec lui et de toute la mission qu'il allait fonder.

Ce nouveau champ offert à l'apostolat de la Compagnie de Jésus devint bientôt le tombeau de nos missionnaires, comme la colonie le fut pour un grand nombre de transportés. Onze Jésuites, la plupart dans la force de l'âge, disparurent en moins de trois ans, et plusieurs d'entre eux expirèrent peu de mois après leur arrivée. Ces morts si promptes et les nouvelles désolantes venues de Cayenne, loin d'épouvanter nos Pères de la province de France, à qui la mission était particulièrement confiée, ne firent que provoquer de plus généreux dévouements. Jeunes et vieux ambitionnèrent l'honneur de cet apostolat : l'embarras du choix fut pour les supérieurs.

Deux tombaient sur ce champ de bataille, quatre-vingts écrivaient au R. Père Provincial pour obtenir la faveur de les remplacer. Ainsi arriva-t-il en 1859 : deux Pères furent choisis sur quatre-vingts qui s'étaient offerts, et ils s'embarquaient à Toulon, le 16 mai, sur *l'Amazone*, en compagnie de *huit cents forçats*.

C'est à l'époque où la mission de Cayenne commençait si douloureusement, en 1853, que le Père Laurent voulut partager le sort de nos Pères. Il sollicita la faveur de consacrer le reste de ses jours (il avait alors cinquante-huit ans), au salut de ces bannis de la société, de ces forçats, dont le nom seul est une épouvante. Il s'estimait heureux de pouvoir aller, à treize cents lieues de la mère-patrie, porter les consolations de la foi à ces cœurs ulcérés,

et de leur faire entrevoir, s'ils voulaient revenir à
Dieu, sinon le retour en France, du moins les joies
de la céleste patrie. Tout nous porte à croire que
les vœux du Père auraient été exaucés, sans l'opposition que Mgr Jacquemet crut devoir faire à ce
généreux projet. Averti de la démarche du Père,
Mgr l'Évêque de Nantes se hâta d'écrire au Révérend
Père Provincial une lettre aussi pressante que flat-
teuse pour le Père Laurent. Il réclama vivement
contre une décision qui priverait sa ville épiscopale
et tout son diocèse des secours d'un si digne et si
saint missionnaire. Les supérieurs crurent devoir
obtempérer aux désirs de Sa Grandeur, et le Père
Laurent fut maintenu à Nantes, à la grande satisfaction de tous.

Instruit des saints désirs du Père Laurent et des
obstacles que la Providence avait mis à leur exécution, le R. Père Hus, supérieur de la mission de
Cayenne, lui écrivit, à la date du 16 janvier 1854,
les lignes suivantes :

« Mon Révérend et très cher Père,

P. C.

« Un panaris à l'index droit m'empêche depuis
trois semaines de dire la sainte messe et me rend
toute écriture bien pénible ; cependant, je veux vous
remercier très cordialement de votre généreux dessein de venir partager nos travaux et nos dangers,

« La divine Providence en a décidé autrement : soumettons-nous. J'admire en tout cela sa conduite paternelle sur vous. Elle vous donne tout le mérite et vous épargne les périls. Je crois qu'après vos longues et continuelles fatigues, à votre âge et avec votre tempérament, vous eussiez eu bien de la peine à supporter le climat. Dieu veut que vous travailliez encore plusieurs années à lui gagner des âmes. Vous nous aiderez par vos prières et celles que vous ferez faire pour nous.

« Mes hommages très respectueux à Mgr l'Évêque, mes respects à MM. les Vicaires-Généraux, au R. P. Supérieur, etc.

« Tout à vous en Jésus et Marie.

« J.-B. HUS [1], S. J. »

Le Père Louis Bigot écrivait par le même courrier au Père Laurent :

« Mon Révérend Père,

P. C.

« Tout en regrettant bien vivement que vous ne fussiez pas venu avec nous, eu égard au bien que vous eussiez fait aux *transportés*, le R. Père Hus, qui

---

[1] Voir à l'*Appendice* V.

connaît parfaitement votre tempérament et le climat de la Guyane, nous a dit que vous n'eussiez pas pu exercer ici longtemps votre zèle, et qu'ainsi l'Europe eût beaucoup perdu, sans qu'en réalité l'Amérique eût beaucoup gagné.

« Pour vous, mon Révérend Père, votre récompense est double, puisque vous serez récompensé du bien que vous vouliez faire en Guyane, et que vous le serez aussi du bien que vous continuerez à faire au bon peuple de Nantes. »

Le lecteur ne lira pas sans intérêt les détails donnés par le Père Bigot à la fin de sa lettre.

« La divine Providence, dit-il, a daigné me donner en partage la station dite Saint-Georges. J'y suis arrivé sans être attendu, trois jours avant Noël. Il n'y avait point de place pour moi, mais on me blanchit à la hâte la dernière case qui venait d'être faite, on la parqueta de *terre fraîche*, que l'on rendit un peu plus dure à grands coups de maillet. On me promit de raccommoder le toit qui est en feuilles de palmier ; mais je me gardai bien de demander qu'on le fît avant Noël, pour avoir le bonheur de célébrer la messe de minuit dans un lieu si semblable à l'étable de Bethléem. J'ai divisé ma case, avec des draps de lit, en trois compartiments : celui du milieu est la chapelle, les deux collatéraux sont des chambres, l'une pour moi, l'autre pour le frère Bazin.

« Agréez, ainsi que tous nos Pères de la Résidence de Nantes, les affectueux respects avec lesquels je suis, de Votre Révérence le tout dévoué serviteur.

« Louis Bigot [1], s. j. »

[1] Le Père Bigot, fixé par ses supérieurs comme aumônier du cinquième établissement pénitentiaire, appelé Saint-Georges, n'y passa que quatre mois et huit jours. Miné par la fièvre, peu de temps après son arrivée à la Guyane, il mourut le 28 avril 1854, à l'âge de quarante-sept ans et demi. L'établissement de Saint-Georges est le plus insalubre de tous. Les eaux stagnantes qui l'environnent forment des marais d'où sortent des exhalaisons malsaines, auxquelles la plupart des Européens ne peuvent résister. Au bout de six mois, près de la moitié des transportés *blancs* avait succombé. Le découragement et le désespoir étaient arrivés à un point impossible à décrire. La venue du Père Bigot fut un véritable événement pour la colonie. Ces pauvres malheureux pouvaient à peine croire que le missionnaire voulût rester avec eux ; et quand le Père leur eût affirmé qu'il avait tout quitté pour venir les consoler, souffrir et mourir avec eux, les transportés manifestèrent une véritable joie ; leur cœur touché s'ouvrit à l'espérance : *Ah ! nous avons du moins quelqu'un ici qui nous aime*, disait celui-ci ; *enfin nous ne mourrons plus comme de vilains animaux*, s'écriait celui-là.

Après la mort du Père Bigot, la désolation fut générale à Saint-Georges ; l'infirmier, le docteur-médecin, la plupart des blancs et des noirs versèrent des larmes. Le Père avait en quelques semaines gagné les cœurs par sa modestie, sa douceur, sa charité et son dévouement. Bon Pasteur, il avait donné sa vie pour son troupeau ! (Voir *Mission de Cayenne*, Paris, Ch. Douniol, 29, rue de Tournon.)

CHAPITRE IX

Frustré dans ses espérances et ne pouvant plus
compter sur un apostolat qui ressemble au martyre,
le Père Laurent reprit et continua avec une nouvelle
ardeur les missions que l'obéissance lui confiait. Il
n'eut pas, il est vrai, à braver les intempéries d'un
climat trop souvent mortel, ni à vivre au milieu des
forçats ; mais, comme les vrais apôtres, il courut au-
devant de toutes les fatigues, se soumit de grand
cœur à toutes les privations, bien persuadé qu'à ce
prix seulement on peut sauver les âmes.

Du reste, il ne perdit point de vue l'intéressante et
difficile mission de Cayenne. Heureux de pouvoir
donner quelques bonnes nouvelles de la patrie, il
écrivait de temps en temps au Père Hus, son ancien
supérieur et longtemps son dévoué collaborateur. Il
lui parlait de Nantes et de ce diocèse qui leur était
si cher ; il lui racontait les travaux de nos Pères, le

progrès des Associations dont il était chargé, et procurait ainsi à nos missionnaires de Cayenne une douce et réconfortante distraction au milieu de leurs ingrats labeurs. A cette époque s'élevait comme par enchantement notre délicieuse église, rue Dugommier. Sous l'impulsion du Père Louis Marquet, supérieur de la Résidence et la direction si habile du Père Tournesac, grâce aux secours de la sympathique population de Nantes, l'édifice sacré apparaissait déjà dans ses proportions harmonieuses qui font quelque peu penser à la Sainte-Chapelle. Le Père Laurent en avait parlé au Père Hus avec les sentiments d'une légitime admiration [1]. Touché de ces fraternelles communications, le Père Hus répondit, le 11 mai 1855, une lettre que, malgré sa longueur, je me ferais un reproche d'omettre. Elle peint si bien les œuvres de ces hommes de Dieu, elle exhale un tel parfum d'exquise politesse, disons mieux, de suave et fraternelle charité, elle instruit si nettement des difficultés de la mission de Cayenne aux premières années de son établissement, que le lecteur, j'en suis persuadé, goûtera cette longue citation.

[1] Cette église fut consacrée le 19 août 1857, par Mᵍʳ Jacquemet, au milieu d'un immense concours et des plus touchants témoignages d'allégresse de la part des fidèles.

« Cayenne, 11 mai 1855.

« Mon Révérend et très cher Père.

P. C.

« Quoique cette réponse à votre dernière et excellente lettre soit bien tardive, croyez, je vous en prie, que ma sincère et vive affection pour vous n'a pas fait défaut. Elle est de celles que ni le temps ni les distances ne peuvent altérer, que la mort même n'éteint pas.

« Je vous dois, mon excellent Père, et je vous ai une bien grande reconnaissance pour tous les précieux et charmants détails que vous avez bien voulu me donner. J'ai lu avec bonheur ce que vous me disiez de Sa Grandeur Mgr l'Évêque de Nantes, qui a tant de droits à ma profonde vénération, de MM. les Vicaires-Généraux, les Curés, les Pères de Saint-François, l'œuvre si intéressante et toujours plus florissante de Notre-Dame-de-Toutes-Joies, de M. l'abbé Pergeline et de son collège, si nombreux qu'il a exigé un plus vaste emplacement, etc., etc.

« Ce que vous avez ajouté de vos ferventes associations, du bon souvenir qu'elles ont la bonté de me conserver, a été tout droit à son adresse. Mon cœur y a trouvé une de ces douces émotions fréquentes à Nantes, bien rares à Cayenne. Merci, merci mille fois de tant de bonnes prières offertes à

Dieu et à Marie Immaculée pour moi et pour mes chers compagnons de travaux et de peines. Continuez donc, je vous en supplie, cette précieuse assistance : de jour en jour nous en éprouvons un plus grand et plus pressant besoin.

« Dans la récapitulation des nouvelles toutes si bonnes dont j'avais à vous remercier, je n'ai rien dit de la vaste et si belle chapelle que vous construisez. Je voulais, — et certes elle le mérite bien, — lui donner une place à part. Votre lettre à la main, j'en ai parcouru et grandement admiré les magnificences. Puis comparant à ces merveilles que je contemplais les idées chiches et mesquines que j'avais en tête pour le même objet, j'ai rougi de moi et de mes plans. Oh ! bénie soit la divine Providence, de ce qu'elle a mis en si bonnes mains, si haute intelligence, si généreux cœur une œuvre dont je n'étais ni digne ni capable. Petit et mesquin en tout, je n'ai jamais rien fait et ne ferai jamais rien de grand, de beau, de bon. Il s'agissait d'élever, au nom de la Compagnie de Jésus, un monument de son amour pour Dieu, de son zèle pour la religion : *Quantum potes, tantum aude* était évidemment l'unique règle de prudence à suivre. D'ailleurs la ville et le diocèse de Nantes, où nous avons constamment trouvé tant d'affection pour nous, tant de consolations dans nos ministères, méritaient bien ce digne et perpétuel témoignage de notre reconnaissance et de notre dévouement. Puissiez-vous jouir longtemps

du bonheur d'y avoir contribué et des nouveaux
moyens d'action qu'y trouvera votre zèle !

« Ici nos Pères et Frères se sont tous assez bien
portés depuis près d'une année. Il y a eu par ci par
là quelques fièvres, mais courtes et légères. Avec
des précautions contre le soleil et les pluies, une
nourriture bonne, on peut vivre en Guyane. Nous
avons plusieurs exemples de longévité. En peut-on
conclure un succès probable pour la *transportation* ?
Je ne le pense pas ; car pour vivre ici, il faut être à
l'abri et à l'ombre, avoir une nourriture forte et
abondante, s'entourer de petits soins et surtout ne
pas remuer le sol d'où s'échappent des miasmes qui
donnent des fièvres, des dysenteries, des hydropi-
sies, etc., etc. D'ailleurs le pays ne produit ni vin,
ni aucune des céréales qui sont en Europe le fond
de la nourriture. Plusieurs Français ont, à diverses
époques, essayé de se nourrir de manioc, d'ignames,
de bananes, de taoc, de patates douces, des fruits
de l'arbre à pain, etc., et personne que j'aie pu
savoir n'y a réussi. Il reste à faire l'essai du riz et
du maïs qui viennent bien et produisent beaucoup.
Mais encore il faudra les cultiver, et c'est là le plus
difficile.

« Nous avons, en moins de trois ans, perdu neuf
cents et quelques transportés, c'est-à-dire à peu
près le quart de leur nombre total ; et cependant ils
ont été mieux placés, mieux abrités, mieux nourris
qu'ils ne pourront continuer d'être ; de plus, ils

n'ont presque pas encore travaillé à la culture.

« Un des médecins les plus expérimentés me disait, il n'y a pas huit jours : « Ceux-mêmes qui « n'ont pas été malades sont dans un état d'affai- « blissement progressif et très sensible. Après cinq « ou six ans de séjour, ils seront tous ou morts ou « incapables de travail. »

« Il est une autre cause d'insuccès contre laquelle j'ai dû faire des représentations qui m'ont attiré ici la haine de l'administration, et à Paris, où je les adressais, le soupçon d'exagération. C'est l'immoralité des transportés, jointe au refus systématique qu'on s'obstine à nous faire de presque tout moyen d'action sur eux. Il est incontestable que ces hommes à leur sortie de France sont indignes de la liberté. Ils en ont abusé, ils en abuseraient encore contre la sécurité publique et privée. N'est-il pas plus certain encore que, s'il ne s'opère pas en eux une transformation morale, ils ne fourniront jamais les éléments d'une société nouvelle ? Et comment cette indispensable transformation se fera-t-elle sans l'influence religieuse ? Et comment cette influence religieuse exercera-t-elle son action, si nous ne pouvons ni instruire ni exhorter ; si les hommes sont laissés dans le pêle-mêle que les plus dépravés dominent et conduisent ; si les livres impies et immoraux, les discours obscènes sont tolérés ; si toute apparence de retour au bien expose à l'inculpation d'hypocrisie et par suite aux sarcasmes et vexations des camarades et des chefs : si ceux-ci par leurs discours, leurs exemples et les traitements qu'ils infligent, contraignent physiquement et moralement à préférer l'impiété à la foi, le vice à la vertu ? Voilà ce que j'ai représenté, ce dont je me suis plaint. Ne le devais-je pas ? Supérieur de la mission, j'en vois les résultats annulés ; prêtre, je vois les intérêts de Dieu, de la religion, des âmes foulés aux pieds ; homme, je vois mes semblables plus maltraités que des bêtes ; Français enfin, je vois qu'on pousse la France dans un abîme de crimes, de malheurs, de honte ; car c'est là tout ce qu'elle recevra, en compensation des énormes dépenses qui sont ici journellement absorbées. L'avenir dira si j'ai bien vu...

« Tous les transportés continuent à nous témoigner respect, confiance, affection ; bon nombre seraient déjà revenus au bien et y reviendraient, mais ils n'osent et ne peuvent.

« Dans les hôpitaux et sur l'échafaud nous avons des consolations ; mais là nous ne faisons rien pour l'avenir de l'œuvre. Oh ! elle devait, elle pouvait devenir si utile et si glorieuse à la France !

« Soyez plus discret que moi ; priez beaucoup pour nous et croyez que je serai toujours, mon Révérend et très cher Père, votre très affectionné serviteur,

« J.-B. Hus, s. j. »

Les réflexions suggérées par ce magnifique langage sont sur toutes les lèvres. Elles pourraient s'appliquer à plus d'une mesure prise depuis vingt ans contre les intérêts de l'honneur national et de notre foi ! Je me contente de dire : quel grand et généreux cœur que ce cœur du missionnaire qui volontairement s'expatrie pour sauver des âmes de forçats ! — Et la meute révolutionnaire aboiera quand même contre ces héroïques vengeurs de la vraie liberté, contre ces martyrs de la charité chrétienne [1].

Le Père Laurent n'était pas à Cayenne, et les agonies de nos Pères, au milieu des forçats, sur cette terre désolée de la Guyane, n'étaient pas, grâce à Dieu, celles du missionnaire évangélisant le beau diocèse de Nantes. Sous d'autres formes cependant la croix était le partage de l'apôtre, croix voulue, aimée, portée avec allégresse, mais enfin c'était la croix. Le bon Père le savait bien ; le prêtre voué au salut des âmes ne fait de sérieuses conquêtes qu'en parcourant les voies de l'épreuve et de l'immolation. Nous avons vu à quel prix il triompha de certaines résistances ; il serait facile d'en multiplier les preuves. On peut dire en deux mots que ses jour-

---

[1] Aux derniers mois de séjour du Père Hus à Cayenne, quand l'amiral Fourichon fut nommé gouverneur, nos Pères eurent plus de liberté dans l'exercice de leur saint ministère, et souvent nous avons entendu le Père Hus, de retour en France, parler avec éloge de l'amiral devenu son ami.

nées et ses nuits, à l'époque de ses missions surtout,
n'étaient qu'une souffrance continue, souffrance
physique et morale, pour sauver les âmes.

Après de longues heures passées en chaire pour
les sermons, les conférences, les catéchismes de la
mission, il s'enfermait au confessionnal, et, sans
distinction de personnes, il y accueillait avec
une douceur et une patience inaltérables ceux et
celles que la divine miséricorde amenait à ses
pieds.

MM. les curés et les autres prêtres ses auxiliaires
dans les missions, s'étonnaient qu'il pût soutenir de
semblables labeurs. C'était merveille de le voir toujours joyeux et alerte, lorsqu'il devait, humainement
parlant, être écrasé sous le poids de tant de fatigues
et épuisé par le manque de repos. Le Père Laurent,
en effet, n'accordait que quelques heures au sommeil et habituellement il le prenait sur une simple
paillasse, afin d'attirer sur les âmes qu'il évangélisait les bénédictions divines. Il savait que la prière
et la mortification sont les deux grandes forces de
l'apôtre : la conversion de certains pécheurs ne
s'obtient qu'à ce prix.

Le Père n'était pas toujours libre de coucher sur
la dure ; un soir, le curé d'une paroisse qu'il venait
évangéliser le conduisit à la chambre réservée au
missionnaire : « Mon bon Père, lui dit-il en se reti-
« rant, je vous souhaite de bien reposer cette nuit ;
« mais gardez-vous de bouleverser votre lit : que

« tout reste en place. Je n'entends pas que vous
« fatiguiez ma servante qui trouve mes matelas à
« terre, quand vous venez chez moi. » L'excellent
pasteur devait prendre ce détour, pour obtenir que
le Père reposât moins durement pendant la mission.

Une Supérieure de maison de retraite écrivait
après la mort du Père : « Nul ne saurait dire le zèle
« que le Père a déployé pendant trente-trois années
« consécutives dans nos retraites de Nantes et de
« Pont-Château ; il s'y dépensait outre mesure,
« passait une partie des nuits au pied du Saint-
« Sacrement ou devant l'autel de la Sainte Vierge ;
« et, plusieurs fois, de la sacristie de notre maison
« de Pont-Château, placée au-dessous de la chambre
« du missionnaire, on a entendu retentir les coups
« redoublés des saintes rigueurs qu'il exerçait sur
« lui-même. » Combien de prêtres ont parlé avec
stupeur des rudes et fréquentes flagellations par
lesquelles l'homme de Dieu demandait grâce pour
les pauvres pécheurs !

Un matin du mois de janvier 1870, il gelait bien
fort et le Père devait partir pour une mission qu'il
donnait dans une paroisse des environs d'Ancenis.
« Mon Père, lui dit aimablement et d'un air compatissant M. Le D***, vous allez avoir bien à souffrir
du froid. — C'est le plaisir, lui répondit le vénérable
vieillard, et ces paroles étaient accompagnées d'un
sourire qui en attestait la sincérité. — Le feu qui le

dévorait au dedans lui faisait oublier les rigueurs de l'hiver ! »

Témoins d'un dévouement si constant et si généreux, les populations qu'il évangélisait étaient dans l'admiration ; ce n'est pas assez dire, elles concevaient pour lui une véritable vénération, le regardaient comme un saint, et, dans leur langage expressif, le nommaient tantôt le *bon Père*, tantôt le *saint Père Laurent*.

On ne saurait se faire une idée de l'ascendant qu'il prenait dès son arrivée dans les paroisses ; cet ascendant était plus merveilleux encore, lorsqu'il touchait au terme de ses missions. Dix ans, vingt ans après son passage, on parlait encore, avec le double sentiment de reconnaissance et d'admiration, du zèle et des vertus du *bon* Père, du *saint* Père Laurent.

L'impression produite dans les paroisses à l'occasion des missions, était peut-être plus vive encore, à l'époque des retraites prêchées par le Père dans les maisons destinées à ces saints exercices.

Les personnes réunies pour les suivre ne savaient d'ordinaire qu'au dernier moment le nom du prédicateur. Mais à peine le nom du Père Laurent était-il prononcé, tout le monde aussitôt le répétait avec bonheur, les visages s'épanouissaient : on sentait, à l'animation expansive de tous les retraitants, que le

---

[1] Lettre de M. F. Le D***, directeur en chef d'une importante manufacture à Nantes (1872).

Père Laurent était vraiment le prédicateur apprécié, aimé, préféré. Aussi bien, il était par excellence le missionnaire parlant au cœur.

Ces braves gens, la plupart venus de la campagne, répondaient au dévouement du Père par une admirable fidélité à la grâce ; c'était sa plus douce récompense. Souvent aussi leur reconnaissance et leur vénération se manifestaient d'une manière bien touchante. Une Supérieure de la maison de retraite à Pont-Château écrivait en 1871 :

« Une bonne vieille femme se trouvait à une
« retraite prêchée par le Père Laurent. Un jour,
« pendant une récréation, la bonne paysanne tire
« de sa poche deux chapelets tout neufs, et les mon-
« trant à ses amies : « Tenez, dit-elle, j'ai acheté
« ces chapelets pour ma fille et pour moi. Aucune
« de nous n'en a besoin. Mais j'ai songé que désor-
« mais nous pourrions bien n'avoir plus l'occasion
« d'en faire bénir par le saint Père Laurent. J'ai
« pris mes précautions. » Naïf témoignage de la
« profonde estime qu'avaient ces âmes de foi pour
« l'apôtre si dévoué à leur sanctification [1]. »

Le Père Laurent avait une telle grâce pour opérer des conversions, que certains hommes évitaient sa rencontre, de peur d'être fascinés par lui et d'être obligés, disaient-ils, de se confesser.

Un jour qu'il accompagnait à une procession les

_____

[1] Lettre de Mme S, Th... (1871).

associées de Notre-Dame-de-Bonne-Garde, un homme
qui le vit dans le cortège, s'écria devant d'autres
camarades de sa trempe, mais dans un style que
nous ne pouvons complètement reproduire : « Voyez-
« vous, hein! toutes les fois que je rencontre ce bon
« vieux bonhomme de Père Laurent, il me prend
« envie de me confesser! »

Un ouvrier peu dévot fit un jour une semblable
réflexion : « L'autre soir, disait-il, j'ai entendu le
« bon Père Laurent prêcher dans l'église de Notre-
« Dame. Ma foi, j'ai été obligé de décamper, j'ai
« quitté l'église. Sans ça, camarades, le bon saint
« homme, il m'aurait confessé. »

Évidemment l'excellent Père eut des déceptions,
comme en auront toujours, qui plus, qui moins, les
vrais serviteurs de Jésus-Christ. Des pécheurs résis-
tèrent à ses avances paternelles, et plusieurs, hélas!
on peut le craindre, abusèrent de sa miséricordieuse
bonté au tribunal de la pénitence. Voici du moins
un fait qui fit apprécier l'utilité de la confession à
un malheureux qui n'en usait pas.

Le Père Laurent prêchait une mission. Tout allait
bien, sauf un notable de l'endroit, qui posait en
libre-penseur et malgré toutes les prévenances du
missionnaire, s'obstinait à fuir le confessionnal. On
était à la veille de la clôture. Le Père eut un moment
l'espoir de triompher, il avait une restitution à faire
au bourgeois récalcitrant. Il vint donc lui rendre

une dernière visite. Après les salutations d'usage :
« Je viens, Monsieur le notaire, dit le Père Laurent,
remettre à votre avoir une petite somme qui vous
est due. — Ah ! Et comment cela, Monsieur le Missionnaire, et quelle est cette somme ? — Le *comment*,
vous pouvez le deviner : je n'ai autre chose à dire,
si ce n'est qu'elle vous est due. La somme, la voici,
et veuillez je vous prie, Monsieur, m'en donner le
reçu. » Ce disant, il déposait entre les mains du
notaire six billets de cent francs. — « Vraiment,
Monsieur, dit le libre-penseur, vraiment, les missions
sont bonnes à quelque chose ! » et, sans demander
d'autres éclaircissements, il accepta de bonne grâce
les six cents francs que lui valait une sincère confession. Ce fut tout !... — Combien hélas ! fuient le
tribunal sacré de la pénitence, parce qu'ils veulent
n'en prendre qu'à leur aise de la probité et de la
vertu ! Je ne dis pas que ce fût le fait du notaire
libre-penseur.

CHAPITRE X

Prêt à rendre service à quiconque lui témoignait un désir, le Père Laurent s'offrait de préférence, par je ne sais quelle tendance instinctive de son bon cœur, à soulager les âmes malades, abandonnées. Autant que sa vocation le lui permettait, il s'intéressait aux familles en détresse qui lui donnaient leur confiance. Il compatissait à leurs soucis, voulait même entrer dans ces petits détails d'intérieur, que les pauvres gens aiment à exposer devant ceux qui ont la charité ou la patience de les entendre. C'est ainsi qu'il parvint à éclairer et à convertir un ménage protestant. L'homme et la femme gagnés par ses attentions délicates, prêtèrent l'oreille à ses instructions : la lumière de la foi brilla à leurs yeux, leurs cœurs furent touchés et quittant l'erreur ils devinrent bons chrétiens. Ce qu'il faisait pour les simples particuliers et pour les familles dans le monde, il le faisait pour les communautés religieuses. A ce titre il fut surtout l'apôtre du monastère de Notre-Dame-de-Charité à Nantes [1].

Les vertueuses filles du vénérable Père Eudes ont tenu à rendre témoignage au dévouement du Père Laurent, soit à l'égard des religieuses de leur communauté, soit surtout à l'égard des pauvres filles confiées à leur maternelle sauvegarde. « Les paroles du bon Père, écrivait la Supérieure en 1872, étaient persuasives. On voyait que c'était une âme ardente, remplie de foi et de l'Esprit de Dieu. Quant aux filles placées dans le Refuge, elles étaient vivement touchées des paroles de cet homme de Dieu et ne pouvaient guère lui résister.

« En 1837, l'année de l'arrivée du Père à Nantes, il donna une retraite, où toutes ces pauvres filles eurent le bonheur de s'approcher de la table sainte. Une d'entre elles, grande pécheresse, se tenait éloignée des sacrements depuis trente-huit ans. Elle ne put résister à la parole de feu du Révérend Père; elle se convertit sincèrement et devint l'édification de ses compagnes, après avoir été si longtemps pour elles une pierre d'achoppement.

« Une autre jeune fille, qu'on ne pouvait faire prier, eut le bonheur de s'adresser à ce bon Père;

---

[1] Ce monastère est connu à Nantes sous le nom de *Refuge* (asile pour les filles pénitentes, etc.) et aussi sous celui de couvent des *Dames Blanches*. Le costume religieux de ces Dames est complètement blanc, d'où leur nom à Nantes de *Dames Blanches*.

elle lui fit une bonne confession et se trouva toute changée. Souvent ses larmes trahissaient ses sentiments : son ouvrage en était inondé et, lorsqu'on lui en demandait la cause : « *J'ai tant offensé le bon Dieu !* » répondait-elle en gémissant [1].

Si cette biographie le permettait, je devrais transcrire ici un long mémoire écrit par une de ces bonnes filles que la crainte du danger, et non la pénitence pour des chutes passées, avait amenée au Refuge de Nantes. Après trente-trois ans de séjour dans ce saint asile, elle attestait en 1872, devoir au Père Laurent sa préservation, son entrée en communauté, et, ajoutait-elle, son espoir d'y persévérer jusqu'à la mort et de sauver éternellement son âme. Je ne puis donner tous ces détails d'ailleurs si édifiants ; mais je tiens à relater l'observation que fait cette fille à la fin de sa lettre : « Quand, sous le coup « de l'épreuve, il m'arrivait de déclarer en termes « formels que je voulais absolument quitter mon « saint asile, le bon Père prenait un ton d'autorité « et me disait que mon saint oncle (un vénérable « prêtre mort en réputation de sainteté) lui avait du « haut du ciel intimé l'ordre de m'y faire rester, et « qu'il lui défendait de me laisser aller dans le « monde qui me deviendrait funeste et me perdrait « infailliblement. — « *Si vous persévérez,* me disait-il, « *dans votre fatale résolution, je me prosternerai à tra-*

---

[1] Lettre de Mme X..., Supérieure, le 22 août 1872.

« *vers la porte et vous serez obligée de passer sur votre*
« *père et de le fouler aux pieds!...* » Ces paroles me
« touchaient si profondément, que je rentrais de
« suite dans la bonne voie... Oui, il m'appartient
« bien de dire avec la plus grande vérité que je lui
« devrai mon salut éternel!... »

Combien d'autres ont dû au Père Laurent de
trouver dans de semblables communautés abri et
sécurité pour leur vertu en péril! Combien qui,
grâce à lui, ont pu nourrir la douce espérance de
passer des rigueurs volontaires du cloître aux ineffables joies de l'éternelle patrie!

CHAPITRE XI

Le Père Laurent avait demandé, en 1853, la mission de Cayenne et la Providence s'était contentée
de sa bonne volonté. Dix ans plus tard Dieu parut
vouloir exiger du bon vieillard un autre sacrifice,
« *cette espèce de mort*, dit le vénérable Père de la
Colombière, *qui est de sortir d'un lieu où l'on est connu
et où l'on a quelques amis* [1]. »

La division de la province de France en deux pro-
vinces venait, en 1864, de rappeler dans le Nord un
certain nombre de religieux. Le Supérieur de la
nouvelle province (dite de Champagne) avait droit,
en effet, de faire rentrer sous son administration
ceux de nos Pères et Frères que la naissance dési-
gnait naturellement à son autorité. Le Père Laurent,
né à Troyes, était de ce nombre. Il fut donc question
de lui faire quitter la résidence de Nantes et de le

---

[1] Retraites du Vénérable Père de la Colombière, première retraite, vers la fin.

rapprocher de la Champagne. C'était, sans aucun doute, lui demander un grand sacrifice ; et, ne le sût-on pas par sa propre expérience, l'expérience des autres ne le prouverait que trop facilement. Le Père Laurent se souvint que le religieux de la Compagnie de Jésus, eût-il soixante-huit ans, en eût-il passé vingt-huit au même poste et en y faisant beaucoup de bien, « doit toujours avoir un pied levé, prêt à tout quitter et à se rendre, même au bout du monde, si l'obéissance le veut [1]. » Cette disposition, croyons-nous, est en certaines circonstances, tout simplement héroïque. Le Père Laurent, vu son âge et sa sensibilité naturelle, était homme à souffrir beaucoup de l'ordre donné par le Provincial de Champagne, et il pouvait, dans une certaine mesure, faire valoir de puissantes raisons pour que l'obéissance le laissât achever sa carrière dans la résidence de Nantes. Il n'en fit rien et c'était bien le plus parfait ; Dieu parlant par la voix du R. P. Provincial, il n'avait qu'à obéir.

Cette fois encore la Providence se chargea de retenir le saint religieux au poste qu'il occupait

[1] Saint Ignace disait : « Les ouvriers dans la vigne du « Seigneur ne doivent toucher que d'un pied la terre où « ils travaillent, ils doivent avoir l'autre pied levé, toujours prêts à partir. » *Vineæ Domini operarii altero tantum pede terræ insistere, altero ad iter urgendum sublevato esse debent.* (*E Selectis P. N. Ign. Sententiis tertia.*)

depuis si longtemps et avec tant de profit pour les
âmes. Mgr Jacquemet avait eu connaissance des
intentions du R. P. Provincial de Champagne. Il
admira la parfaite obéissance du bon Père Laurent,
mais il crut devant Dieu devoir intervenir de nouveau, en faveur même de son diocèse. Sa Grandeur
fit donc savoir au Supérieur de la résidence de
Nantes, qu'elle tenait absolument à garder le Père
Laurent dans sa ville épiscopale, où, depuis plus
d'un quart de siècle, il travaillait avec tant de succès au bien des âmes. Il faut, disait Sa Grandeur,
que ce saint homme continue jusqu'à la fin de sa
carrière à être l'apôtre de mon diocèse. « Que si le
Père Provincial ne m'accorde pas ce que je demande,
ajoutait Monseigneur, j'irai au Père Général à Rome,
et, s'il le faut, à Notre Saint Père le Pape : *J'ai
besoin de deux hommes dans mon diocèse, du Père Laurent et du Père Labonde : Je les conserverai.* »

Il fut fait selon les désirs de Mgr Jacquemet. De
nouveau le Père Laurent eut le mérite du sacrifice
qu'il allait accomplir de grand cœur, et du même
coup il recevait du pieux Évêque de Nantes le ferme
et magnifique éloge que nous venons de citer [1].

[1] Plusieurs lettres, provoquées par celui qui écrit ces
pages, démontrent que le Père Laurent ne manifesta à
personne soit le regret d'être rappelé dans la province
de Champagne, soit le désir de rester à Nantes. Plusieurs
Pères qui ont vécu avec lui m'affirment que sur ce point
sa mémoire doit rester absolument intacte : « *Je con-*

Jusqu'ici nous avons étudié d'une manière spéciale ce que j'appellerais volontiers l'Apostolat du Père Laurent hors de Nantes ; nous l'avons vu à l'œuvre surtout comme missionnaire. Je voudrais aux chapitres suivants faire apprécier son action religieuse dans la ville de Nantes. L'Association de Notre-Dame-de-Bonne-Garde qu'il a fondée n'est pas le côté le moins intéressant de son Apostolat. Cette œuvre si secourable aux servantes et aux ouvrières survit au pieux fondateur et ne cesse de prospérer.

naissais parfaitement le Père Laurent, disait naguères (juin 1888) un vénérable prêtre de Nantes ; *jamais il n'eût autorisé qui que ce soit à faire près de Mgr Jacquemet une démarche quelconque pour le faire rester à Nantes. »* Un autre m'écrivait : « Monseigneur n'était pas homme à subir l'influence d'une pétition. S'il a demandé que le Père Laurent restât à Nantes, c'est que Sa Grandeur estimait l'ouvrier, voilà tout. » Deux zélatrices de Notre-Dame-de-Bonne-Garde m'ont également affirmé que le Père Laurent a été complètement en dehors de toute démarche faite à l'évêché. L'une d'elles ajoutait : « Je me souviens encore de l'exclamation poussée par le bon Père, lorsqu'il apprit qu'il ne quitterait pas Nantes : « *Me voici donc,* s'écria-t-il, *me voici donc, malgré toutes mes démarches, condamné à rester toute ma vie avec des femmes !* » Et nous, ses associées, entendant cette exclamation, nous avons dit en souriant : « *C'est égal, il a beau dire, nous le gardons le bon Père !... »* Ce n'est que dans cette circonstance qu'il fit connaître le projet du R. P. Provincial : « *mais,* ajouta-t-il, *si j'avais dû partir, vous ne l'auriez appris qu'après mon départ. »*

C'est une nouvelle gloire pour le Père. Mais ce qui est plus consolant encore, c'est que semblables associations, établies dans d'autres villes, sont également florissantes. Heureux serais-je, s'il m'était donné de susciter au Père Laurent un plus grand nombre d'habiles et fidèles imitateurs!

III

LE PÈRE LAURENT A NANTES

SON APOSTOLAT DANS LA VILLE

Par l'Association de Notre-Dame-de-Bonne-Garde

CHAPITRE XII

Les Servantes dans les grandes villes. — Le Père Laurent
se sent inspiré de fonder pour elles une Association. —
M. Vrignault, vicaire-général, l'encourage. — Il établit
l'Association de Notre-Dame-de-Bonne-Garde. — Plan de
cette œuvre.

Au retour de ses laborieuses missions, le Père
Laurent retrouvait à Nantes d'autres occupations
qui absorbaient son temps et ses forces. Son confessionnal était perpétuellement assiégé, il faisait de
fréquentes visites aux pauvres et aux malades, et de
nombreuses exhortations aux diverses communautés
toujours avides de l'entendre ; mais il se dépensait
surtout pour *l'Œuvre des Servantes*, une des plus
belles institutions dont la ville de Nantes ait à se
féliciter et qu'elle doit à l'initiative et au zèle persévérant de cet ouvrier inconfusible.

Ce serait faire connaître très imparfaitement ce
Père, si je me contentais de signaler en passant
l'Association qu'il a fondée. Le lecteur est en droit
d'exiger quelques détails ; et plus d'un prêtre, fixé
par la Providence dans une grande ville, trouvera
dans ce que je vais dire un stimulant pour son zèle,
un magnifique modèle et de puissants encouragements.

Le Père Laurent était à Nantes depuis six ans. Douloureusement affecté à la vue d'une multitude de pauvres domestiques dispersées dans cette grande ville et exposées à des dangers sans nombre pour leur salut éternel, il se sentit pris d'un immense désir de leur venir en aide. Pendant qu'il était sous cette impression digne d'un cœur d'apôtre, un autre serviteur de Dieu, M. l'abbé Vrignault, vicaire-général de Mgr de Hercé et l'homme de toutes les bonnes œuvres, était poursuivi de la même pensée. Dieu qui en était l'auteur, voulut qu'ils s'unissent ensemble pour la réaliser. Ils conclurent qu'il fallait établir une Association de servantes. Par ce moyen ces bonnes filles pourraient recevoir des instructions appropriées à leurs besoins, elles seraient soutenues par les exemples des associées, et surtout par les conseils d'un directeur expérimenté et tout entier à leur service. Après mûres délibérations et fortement encouragé par les Supérieurs de la Compagnie et par sa Grandeur Monseigneur l'Evêque de Nantes, le Père Laurent n'hésita plus : l'Association fut établie, constituée canoniquement et affiliée à la *Prima Primaria* de Rome, sous le nom de *Notre-Dame-de-Bonne-Garde*[1]. Elle commença à fonctionner dans les

---

[1] Une statue de la Sainte Vierge était avant la Révolution honorée sous le titre de *Notre-Dame-de-Bonne-Garde* dans l'église Saint-Laurent, à Nantes. Les fidèles avaient pour elle une dévotion toute particulière. Les révolutionnaires saccageant cette église, une bonne Nan-

premiers jours du mois de mai 1843. C'est alors, selon l'expression du Père Laurent, que *Marie éleva sa bannière* et qu'autour de cette bannière vinrent se ranger par centaines ces pauvres filles de service et bon nombre d'ouvrières exposées aux mêmes périls, ayant besoin des mêmes secours. Plusieurs personnes de la société, que l'esprit de Dieu poussait au dévouement, s'offrirent au Père Laurent pour lui venir en aide : il s'en servit comme de modèles et de colonnes, leurs exemples et leurs généreuses démarches soutinrent l'œuvre naissante. M. l'abbé Vrignault bénit Dieu qui daignait couronner de succès l'entreprise du bon Père Laurent, et, depuis 1843, l'Association de Notre-Dame-de-Bonne-Garde n'a fait que prospérer pour le plus grand bien de

taise voulut sauver la statue de Notre-Dame-de-Bonne-Garde. — Elle choisit un moment favorable et, chose merveilleuse, enleva sans peine la sainte image, l'enveloppa dans son tablier, et vint la cacher dans sa maison. (Cette statue est en pierre, et deux hommes peuvent difficilement la porter.) Après la Révolution, cette brave chrétienne donna la statue à la chapelle du Refuge; et c'est de cette chapelle qu'elle a passé à l'église des Religieuses de la Retraite, où l'on continue à lui rendre un culte tout spécial. Comme l'Association des domestiques et des ouvrières tient ses réunions dans l'église où cette statue est vénérée, elle en a pris le vocable, et chaque associée, en se consacrant à Marie, se fait un devoir et un bonheur de l'honorer et de l'invoquer fréquemment sous ce titre : « Notre-Dame-de-Bonne-Garde, Priez pour nous. »

ses membres et l'édification de tous. Cette Association, étant essentiellement chrétienne, ne reçoit que des filles dont la conduite *est* irréprochable, qui ne travaillent pas le dimanche ni les jours d'obligation, qui assistent ces mêmes jours au saint sacrifice de la messe et de plus s'engagent à venir aux réunions mensuelles et aux solennités particulières de l'Œuvre. Je dirai ailleurs les fruits de cette Association. Je veux le plus brièvement et le plus clairement possible en indiquer l'organisation. Ces détails me paraissent nécessaires, surtout si l'on n'a pas sous la main le *Manuel ou Règlement de l'Association*[1].

L'Association de Notre-Dame-de-Bonne-Garde se partage en deux divisions, celle des domestiques et celle des ouvrières.

Monseigneur l'Évêque en est le supérieur, et jusqu'ici (1888), la direction en a été confiée à un religieux de la Compagnie de Jésus, approuvé par Sa Grandeur.

Chaque *division* a une *directrice* et deux *sous-directrices* auxquelles sont soumises les autres dignitaires et associées de la division.

Ces *divisions* sont classées par *quartiers*. Chaque quartier est composé de cinquante associées environ.

---

[1] Ce règlement est un petit chef-d'œuvre de précision et très propre à faire estimer l'Association. (Voir 6ᵉ édition, imprimerie de l'Ouest à Nantes, 1881.)

et l'officière préposée à la tête d'un quartier se nomme *zélatrice*.

Chaque *quartier* est subdivisé en cinq dizaines d'associées. la première de la dizaine est appelée *chef de dizaine*. Une *zélatrice* a donc ordinairement sous sa surveillance cinq chefs de dizaines et par là même cinquante associées.

Les deux *divisions*, celle des *domestiques* et celle des *ouvrières* sont indépendantes l'une de l'autre. Chacune a son administration, ses dignitaires, son conseil. mais elles sont unies par la charité et plusieurs liens extérieurs. Elles portent le même nom : *Associées de Notre-Dame-de-Bonne-Garde*: elles ont le même directeur; elles se réunissent ensemble pour les grandes solennités; les deux divisions ont les mêmes règlements, etc...

Le nombre des associées est illimité, mais toutes ne sont pas immédiatement admises au titre de *congréganiste*. Il faut passer au moins six mois à l'épreuve avant de faire la première consécration à Marie; et, d'ordinaire, trois ans après cette première consécration, si l'associée en est jugée digne, elle est admise à la seconde et dernière consécration. Alors seulement elle reçoit le diplôme de *congréganiste* [1].

Il est facile de comprendre combien cet embrigadement des nombreuses associées est nécessaire

---

[1] Voir pour plus amples détails, le *Manuel ou Règlement de l'Association de Notre-Dame-de-Bonne-Garde*.

pour le bon fonctionnement de l'Œuvre : sans lui, d'ailleurs, il serait impossible d'avoir une connaissance suffisante de la bonne volonté et de la conduite de celles qui veulent rester sous la bannière de Notre-Dame-de-Bonne-Garde. J'ajoute qu'il donne une haute idée de l'esprit d'ordre et de sagesse du Père qui a présidé à cette organisation. Il serait plus difficile de donner une idée exacte du bien produit par cette Association, et des efforts dévoués et persévérants du Père Laurent pour fonder, entretenir et développer cette admirable institution.

Je puis du moins attester, après les nombreux témoignages que j'en ai reçus, après ce que j'en ai vu moi-même, que les résultats ont été merveilleusement consolants. Est-ce à dire que toutes les associées ont été des modèles de perfection ? — Qui pourrait se faire une telle illusion, s'il connaît la faiblesse, la mobilité de caractère de la femme, et les difficultés parfois désespérantes dont ces pauvres filles ont à triompher ? Ce qui doit étonner, c'est de rencontrer dans leurs rangs si peu de membres infidèles, ou dont la conduite tourne au déshonneur de l'œuvre. Ce qu'il faut admirer, c'est l'édification donnée par le plus grand nombre, c'est le recours des familles honnêtes à l'Œuvre, pour avoir des domestiques sur lesquelles elles puissent compter ; ce sont les félicitations adressées par maîtres et maîtresses à l'Association de Notre-Dame-de-Bonne-Garde. Le Père Laurent avait souvent la douce joie de recevoir de telles confidences, et ses successeurs — ils l'ont attesté eux-mêmes, — ont plus d'une fois entendu faire les mêmes éloges de l'Œuvre confiée à leur dévouement.

CHAPITRE XIII

Le premier fruit de l'Association est de sauvegarder celles qui en font partie. Combien de servantes, combien d'ouvrières ont dit et répété avec
l'accent de la conviction et de la reconnaissance :
« Si j'ai appris à connaître mes devoirs et à fuir les
dangers, si je ne me suis pas perdue, c'est grâce à
l'Association de Notre-Dame-de-Bonne-Garde ; c'est
par les instructions du *bon Père*, par les conseils et
les avis de la Directrice ou de ma Zélatrice, que j'ai
appris à discerner le bon chemin, à fuir le mauvais
et à servir Dieu avant tout. »

Plusieurs, par la protection de Notre-Dame-de-
Bonne-Garde, ont échappé à d'affreux périls, ont
résisté à d'horribles tentations et, comme le leur
rappelait le Père Laurent, ont trouvé, dans leur
consécration à Marie, une force qui n'est d'aucun
sexe, moins encore de celui qu'on appelle le sexe
faible par excellence.

L'une d'entre elles, — Dieu l'a retirée du monde depuis près de vingt ans, — allait sacrifier sa vie pour sauver son honneur, elle allait se précipiter d'un quatrième étage, pour échapper aux poursuites d'un indigne maître, quand la Vierge fidèle, Notre-Dame-de-Bonne-Garde, changea tout à coup en agneau le loup ravisseur. Ce fait, devenu alors public, augmenta au cœur des associées l'estime et l'amour de leur Œuvre.

Dans un terrible incendie qui dévorait un des principaux hôtels de Nantes, les flammes s'arrêtent tout à coup devant une porte, sans même l'effleurer. Qu'y a-t-il donc ? — Une pauvre servante de l'Association est derrière cette porte, seule dans l'appartement de ses maîtres absents. Elle ne veut pas ouvrir dans la crainte d'un pillage ; mais elle s'oppose au feu à sa manière. Elle tient suspendus à la porte son ruban et sa médaille d'associée de Notre-Dame-de-Bonne-Garde, et prosternée à genoux, elle invoque à grands cris sa divine Patronne : « *Notre-Dame-de-Bonne-Garde, priez pour nous, défendez-nous, sauvez-nous !* » Marie l'a entendue, et l'appartement demeure absolument intact ; Notre-Dame a gardé la servante et le bien de ses maîtres.

Une autre associée éprouva une semblable protection dans une circonstance non moins critique. Cette bonne fille se promenait un jour sur les bords de la mer avec sa jeune maîtresse. L'une et l'autre sont surprises tout à coup par les vagues qui s'élèvent et les poursuivent ; elles cherchent vainement à fuir, le sol s'enfonce sous leurs pieds ! Loin de tout secours humain, elles vont infailliblement périr : « *Notre-Dame-de-Bonne-Garde, sauvez-nous !* » s'écrie la servante épouvantée. A peine ce cri de détresse s'est fait entendre, l'enfant et la bonne se trouvent soudain hors de danger : leurs pieds sont sur un roc solide, loin des flots !... Comment le sauvetage s'est-il fait ?... Elles l'ignorent, mais se prosternant avec une émotion facile à comprendre. « Mademoiselle, dit la servante à l'enfant, mettons-nous vite à genoux, et remercions Notre-Dame-de-Bonne-Garde, c'est elle qui nous a sauvées. »

Une associée, renversée par une charrette, invoque avec confiance Notre-Dame-de-Bonne-Garde. Une roue lui a passé sur le corps. Elle devrait être écrasée... La pieuse fille se relève : elle n'a aucun mal !

Non contentes de trouver dans l'Association des grâces de santé et de sanctification pour elles-mêmes, ces excellentes filles y puisent aussi des forces pour travailler au salut des autres. Combien parmi elles ont été les instruments de la divine miséricorde pour la conversion de leurs maîtres ?

Pendant une maladie contagieuse qui exerçait ses ravages au Grand Séminaire de Nantes, M. Vrignault,

vicaire-général et protecteur des Œuvres du Père
Laurent, demanda six associées de Notre-Dame-de-
Bonne-Garde pour soigner les séminaristes malades :
trente s'offrirent généreusement. Parmi celles dont
le dévouement fut accepté, il y en eut une qui montra la plus admirable confiance en la puissante protection de Marie. Un jeune diacre était au plus mal :
il était en délire et dans l'impossibilité de recevoir
le Saint Viatique : les directeurs du Séminaire étaient
désolés. Que fait l'infirmière improvisée ? Elle donne
au moribond la médaille de Notre-Dame-de-Bonne-
Garde. A peine l'a-t-il reçue, la connaissance lui
revient, le calme se fait et le jeune diacre peut recevoir le Saint Viatique, en pleine possession de lui-
même. Vingt-quatre heures après, il entrait dans
son éternité.

Une bonne fille n'a cessé pendant vingt-cinq ans
de travailler au salut de celui qu'elle servait. Elle lui
répétait les instructions du Père Laurent, lui faisait
réciter quelques petites prières, parfois le conduisait
à l'église. A certains jours, plus saintement audacieuse, elle lui parlait de son éternité, lui reprochait
même son endurcissement. Enfin elle usait de tout
l'ascendant que lui donnait sa position, et mettait à
profit toutes les industries que le Père Laurent lui
suggérait. Dieu bénit son zèle persévérant. Six mois
avant de paraître devant le Souverain Juge, le vieux
pécheur se convertit, et la fervente associée de Notre-

Dame-de-Bonne-Garde eut la consolation de voir son
maître mourir en bon chrétien.

Une autre associée servait un vieux capitaine qui
avait passé une partie de son existence dans les
camps. Seule avec cet homme complétement igno-
rant des choses de la religion, elle lui racontait les
belles cérémonies et les touchantes instructions du
Père Laurent à Notre-Dame-de-Bonne-Garde. Pour
occuper et distraire ses loisirs, elle le priait même
de temps en temps de mettre par écrit les principales pensées du Père et les histoires qu'il racontait.
Le vieil officier se laissait faire. Ce qui pour lui était
une sorte de passe-temps, fut, dans les desseins de
la divine miséricorde, le rayon de la grâce qui devait
l'éclairer et le convertir. Peu à peu, en effet, la
lumière se fit dans son intelligence, son cœur fut
touché ; et revenu sincèrement à Dieu, il sanctifia ses
dernières années par les pratiques d'une foi trop
longtemps abandonnée.

C'est ainsi que le Père Laurent faisait des associées de Notre-Dame-de-Bonne-Garde de véritables
apôtres.

Je rappellerai encore ici le dévouement d'une
bonne domestique qui ramassa dans la rue une misérable famille, composée de deux vieillards, le
mari et la femme, et d'une pauvre fille, leur jeune
nièce. Ils étaient tous trois dans un dénuement
affreux. Pendant plusieurs jours, cette servante
charitable les nourrit à ses frais ; elle put même

leur procurer des vêtements. Plus attentive encore aux besoins de leur âme, elle les instruisit, les mit en voie de réconciliation avec Dieu et eut la consolation de les voir mourir en bons chrétiens.

Enfin nous pouvons affirmer, sans ombre d'exagération, que beaucoup d'hommes et de femmes seraient sortis de ce monde chargés du fardeau de leurs péchés, si leurs servantes, associées de Notre-Dame-de-Bonne-Garde, n'eussent appelé, au moins à la dernière heure, le ministre du pardon. Plusieurs de ces pauvres pécheurs et pécheresses voulaient repousser le prêtre et les secours de la religion : ils ne cédaient qu'aux saintes et persévérantes instances de leurs fidèles domestiques ; et celles-ci, à force de prières et de dévouement, leur méritaient l'inappréciable bonheur de rentrer en grâce avec Dieu.

CHAPITRE XIV

La maison de Sainte-Marthe. — Son but. — Le Père Laurent
parvient à l'établir.

Recevoir les domestiques sans asile et qui cherchent à se placer ; leur offrir momentanément un
abri contre les dangers qu'elles pourraient trouver
dans d'autres logements ; ménager en même temps
un lieu de convalescence aux associées qui, faute de
santé, ne pourraient remplir leur emploi chez leurs
maîtres, et ne seraient pas assez gravement malades pour être reçues à l'hôpital ; telle fut la préoccupation du Père Laurent après l'établissement
de l'œuvre des servantes ; ce projet il put le réaliser avant la fin de 1846. Son énergique volonté, son
immense confiance en Dieu, soutenus d'ailleurs par
le dévouement des associées de Notre-Dame-de-
Bonne-Garde, obtinrent ce merveilleux résultat. La
maison dite de Sainte-Marthe fut fondée ; elle devenait le digne couronnement de l'œuvre des servantes.

Cette maison, dit le *Manuel de l'Association*, est
tenue par la directrice générale ou par toute autre

personne que le directeur désigne. Au besoin, plusieurs autres associées lui viennent en aide.

Les domestiques ne doivent pas regarder la maison de Sainte-Marthe comme une auberge, où l'on est obligé de recevoir pour de l'argent quiconque s'y présente. C'est un asile procuré par la charité de l'Association de Notre-Dame-de-Bonne-Garde aux pauvres servantes, bien plus encore pour le salut de leur âme que pour leur fournir des ressources matérielles.

Avant tout, le Père Laurent voulait faire éviter l'oisiveté, écueil si souvent funeste à l'innocence. Il désirait vivement donner à celles qui s'y réfugiaient le moyen de s'instruire des éléments de la religion et de leurs devoirs personnels, et d'y renouveler leur ferveur dans la piété. « Elles seraient plus « fortes en sortant de cette solitude ; et après s'y « être retrempées dans l'esprit de foi et la pratique « de la vertu, elles pourraient affronter le monde « avec moins de périls. »

Les mêmes personnes ne sont admises plusieurs fois dans la maison de Sainte-Marthe que très difficilement. La directrice doit y veiller. L'inconstance dans les places est ordinairement un signe de paresse ou de mauvais caractère ; il faut bien se garder de la favoriser. La directrice, par conséquent, prend des informations pour savoir si les personnes qui se présentent à Sainte-Marthe ne sont pas en sûreté dans d'autres asiles. Elle doit également savoir s'il n'y a rien de sérieux à leur reprocher, soit du côté des mœurs, soit du côté de la probité : si elles quittent leurs maîtres pour des raisons légitimes. Auraient-elles compté sur la maison de Sainte-Marthe pour manquer de respect à ceux qu'elles servaient, pour leur parler avec orgueil et impertinence, pour leur mettre le marché à la main, c'est plus que suffisant pour leur fermer la porte d'un établissement d'où le mauvais esprit doit être banni et où la charité seule doit régner.

De préférence on y admet les filles pauvres, peu instruites, sans expérience, sans asile, n'ayant aucune place et qui, plus que toutes les autres, seraient exposées ailleurs au danger de perdre leur vertu.

Les quêtes, les dons volontaires servent à payer le loyer de la maison, à acheter les lits, le linge et le mobilier nécessaire, et à fournir à tous les frais de l'établissement.

Les domestiques demandant asile à Sainte-Marthe doivent donner une rétribution quotidienne de *vingt centimes*. Moyennant cette minime cotisation, — et sans doute en quelques circonstances elle n'est pas exigée, — elles reçoivent avec le logement, le lit, l'éclairage, le chauffage et une partie de leur nourriture. « *L'œuvre n'ayant pas pour but de loger des pensionnaires, on n'en recevra dans aucun cas*, dit le règlement, *et les domestiques elles-mêmes ne seront admises que pour un temps fort limité.* »

Je rappelle à dessein ces extraits du règlement de l'Association de Notre-Dame-de-Bonne-Garde. On y voit l'esprit qui a inspiré le Père Laurent dans la fondation de la maison de Sainte-Marthe. Outre l'observation déjà faite sur le bon sens pratique du Père et sur son entente à tout organiser, j'y trouve une réponse qui vient comme d'elle-même fermer la bouche à certains opposants. Non, l'Association de Notre-Dame-de-Bonne-Garde, non, la maison de Sainte-Marthe ne sont pas une prime d'encouragement aux servantes paresseuses, inconstantes ou mauvaises têtes. C'est le contraire qui est la vérité.

Ce ne fut pas, d'ailleurs, sans peines et sans combats, que l'excellent Père parvint à établir cette *Maison,* qu'on pourrait appeler l'*Hôtel-Dieu* ou la maison de repos des associées de Notre-Dame-de-Bonne-Garde. « Cet établissement, écrit une supé« rieure des Dames de la Retraite, à Nantes, a coûté « au Père Laurent de grandes humiliations et des « peines de tous genres ; elle lui a fait endurer des « mépris, des souffrances d'esprit et de corps. » Ainsi s'accomplissent les œuvres de Dieu. « Il venait « comme un père, continue cette religieuse, visiter, « consoler ces pauvres servantes sans places ; il leur « donnait l'espoir d'en rencontrer de bonnes, si elles « étaient de dignes filles de Notre-Dame-de-Bonne-« Garde. Étaient-elles malades, il les aidait à faire « le sacrifice de leur vie. L'une d'entre elles désirait

« beaucoup la mort, mais d'autre part elle en avait
« grand'peur. « Ah ! ma fille, lui dit le Père, je vois
« déjà sur votre front l'auréole de la récompense ;
« vous êtes déjà belle comme les vierges qui suivent
« l'Agneau sans tache. » Et cette pauvre fille, en-
« couragée par ces suaves paroles, souffrit avec joie
« pendant quinze jours les étreintes de la goutte
« sciatique et expira paisiblement le samedi de
« Pâques 1860. »

Ce que je viens de dire suffira pour faire apprécier
la *maison de Sainte-Marthe* et quelle reconnaissance
mérite le Père Laurent qui en a été l'inspirateur et le
fondateur. Nosseigneurs les Évêques de Nantes
n'ont cessé de porter le plus vif intérêt à cette belle
œuvre, et Sa Grandeur Mgr Lecoq lui témoigne en
toute occasion sa haute et paternelle affection [1].

---

[1] Pour plus amples détails voir le *Règlement* déjà cité,
p. 100.

CHAPITRE XV

La reconnaissance, pour ne pas dire la justice, demande que nous consacrions ici quelques pages à la mémoire de Mlle Victoire Chéneau, coopératrice fidèle du Père Laurent dans l'œuvre de Notre-Dame de-Bonne-Garde et *directrice* de l'Association pendant vingt-cinq années consécutives. Élue le 1er janvier 1844 pour remplir cette fonction, et réélue tous les trois ans jusqu'à l'époque de sa maladie mortelle (1869), elle remplit sa charge avec une prudence, une sagesse et un savoir-faire qui ne se démentirent jamais. Sa charité, son désintéressement, je dirais sa tendresse vraiment maternelle lui avaient gagné le cœur de toutes les associées. Celles-ci la regardaient et l'aimaient comme leur mère. A un bon sens exquis, elle unissait une fermeté de caractère qui en imposait à tous. Elle parlait avec simplicité et assurance aux grands et aux petits, aux maîtres et aux domestiques. Chargée de la maison de Sainte-

Marthe, elle repoussait toute offrande qui semblait une rétribution pour les services personnels qu'elle pouvait rendre. « *Cette maison*, disait-elle avec di-« gnité, *n'est pas un bureau de placement. Son but est* « *de procurer à nos chères servantes des maisons où elles* « *puissent observer les lois de Dieu et de la sainte* « *Église.* » Sur ce point elle était si exigeante que, si l'on ne promettait pas ce qu'elle réclamait, toute instance était inutile.

Dévouée pour trouver des places avantageuses aux associées de Notre-Dame-de-Bonne-Garde, elle témoignait plus d'empressement encore et plus de tendresse à celles que la maladie retenait dans la solitude de Sainte-Marthe. Son dévouement alla jusqu'à l'héroïsme, lorsqu'elle se fit garde-malade près de la mère du Père Laurent. Il convient de rappeler ce fait. Dans l'abandon de la conversation, le Père Laurent disait un jour avec tristesse : « Ma pauvre vieille mère est bien malade ! Ah ! que je crains qu'elle ne soit privée des soins que son âge et que ses souffrances réclament ! » Mlle Victoire se trouvait là. L'émotion du Père avait retenti au fond du cœur de l'excellente directrice. « — Mon Père, lui dit-elle, vous serait-il agréable que j'aille soigner votre bonne vieille mère, et me permettriez-vous d'y aller ? — Y pensez-vous, ma fille ! reprit le Père Laurent avec attendrissement. Mais quel voyage, mais quelles fatigues, quelles dépenses ! » Victoire a compris que le Père ne lui fait pas de défense et qu'elle peut lui donner une grande consolation : elle n'hésite plus. En quelques heures elle a fait ses petits préparatifs ; elle quitte tout, traverse une partie de la France et vient s'installer, à Troyes, garde-malade près de Mme Laurent et la soigne jour et nuit, pendant trois mois, jusqu'à sa mort [1].

Un pareil dévouement n'a pas besoin de commentaire.

La charité de Mlle Victoire fut récompensée dès ici-bas. Gravement malade dans les premiers mois de 1869, elle reçut les derniers sacrements le lundi de Pâques, assistée à son tour par le Père Laurent qui lui prodigua tous les secours de la religion, et par les associées de Notre-Dame-de-Bonne-Garde, qui ne pouvaient oublier ce que leur chère directrice avait fait pour elles.

Comme on la croyait à deux doigts de la mort, le Père Laurent et quelques associées étaient restés près d'elle. On voulait par cet acte de présence lui donner une marque de sympathie et, par de pieuses invocations, la préparer au redoutable passage. C'est alors que le bon Père, qui connaissait les saintes dispositions de Mlle Victoire et qui ne doutait pas de sa prochaine entrée dans la gloire, lui donna, avec sa candeur ordinaire, ses commissions pour le ciel :

---

[1] Mme Laurent est décédée à Troyes le 10 décembre 1858, à l'âge de quatre-vingt-trois ans.

« *O mon bon Père*, interrompit alors la mourante, *je*
« *vous assure que vous ne serez pas longtemps sur la*
« *terre !* » Prophétie ou non, le Père mourut neuf
mois après cette pieuse demoiselle.

Le danger de mort ayant disparu, la pauvre malade resta paralysée et traîna pendant plusieurs
mois une existence digne de pitié. Elle était le plus
habituellement dans un état voisin de l'enfance. Cependant, le 8 septembre, le mal reparut plus terrible
et mit de nouveau la vie en danger. A la nouvelle
de cette rechute, le Père Laurent accourut et insista
pour que le prêtre, chargé d'administrer les derniers
sacrements, voulût bien les donner à la malade.
Croyant qu'elle n'était pas en état de recevoir le
saint Viatique, ce bon prêtre en abandonna la responsabilité au Père. Celui-ci, ayant pris plusieurs
témoins, s'entretint avec Mlle Victoire, et tous cons-
tatèrent qu'elle pouvait se confesser et communier.
Cette lucidité d'esprit elle la garda pendant l'administration des sacrements. Elle les reçut avec beaucoup de foi et de piété au milieu de ses chères associées : Dieu voulait lui accorder cette suprême consolation. Elle tomba ensuite dans une agonie qui se
prolongea plusieurs jours, et elle s'endormit en
paix dans le Seigneur, le 16 septembre 1869, à dix
heures du matin. Elle était âgée de soixante-neuf
ans.

Le lendemain, à deux heures, se fit la sépulture.
Le corps fut porté à la cathédrale sans la pompe

extérieure que ne pouvait demander cette humble
directrice, mais accompagné de plus de quatre cents
domestiques, à la tête desquelles marchait le Père
Laurent.

Quand le cercueil eut disparu dans la pauvre
fosse du cimetière, le Père Laurent se tourna vers
les associées, et d'une voix émue et tout en larmes :
« Mes enfants, leur dit-il, toutes les associées de
« Notre-Dame-de-Bonne-Garde réciteront le chapelet
« pendant neuf jours pour le repos de l'âme de notre
« chère défunte, et pendant ces mêmes neuf jours
« nous lui appliquerons toutes les indulgences de
« nos communions et les fruits de nos bonnes
« œuvres. »

Ainsi, après sa mort comme pendant sa maladie,
Mlle Victoire reçut la récompense de son dévouement
et de sa charité. Je me reprocherais de ne pas ajouter que, pendant plus de six mois, vingt filles de l'Association avaient passé les nuits auprès de la malade
et que, du matin au soir, les associées lui avaient
rendu tous les services que peut inspirer la plus
filiale reconnaissance. Ne serait-ce pas l'occasion de
redire : Telles maîtresses, telles servantes ?

Le Père Laurent savait en quelle estime
Mgr l'Évêque tenait la défunte. Il crut devoir écrire
à Sa Grandeur et lui faire part de la perte que venait
de faire l'Association. Mgr Jacquemet daigna répondre
au Père la lettre suivante :

EVÊCHÉ DE NANTES   Nantes, le 18 septembre 1869.

« Mon Révérend Père,

« Je m'associe bien sincèrement aux regrets que la mort de Mlle Victoire Chéneau vous fait éprouver, et je pense avec vous que l'Association de Notre-Dame-de-Bonne-Garde fait en elle une grande perte.

« J'appréciais beaucoup son dévouement et sa bienveillance pour les pauvres domestiques, qui étaient sûres de trouver auprès d'elle appui et bon conseil.

« Nous prions tous ici pour cette excellente directrice d'une Association si utile. Daigne Notre Seigneur, qu'elle a bien servi, donner à cette chère âme la récompense due à ses vertus ! Qu'il daigne aussi répandre ses bénédictions sur toutes les associées de Notre-Dame-de-Bonne-Garde et maintenir parmi elles, avec l'esprit de simplicité et de docilité, les bonnes traditions qui font la force de cette œuvre.

« Recevez, mon Révérend Père, l'assurance de mon affectueux dévouement.

« † ALEXANDRE, évêque de Nantes. »

CHAPITRE XVI

L'Association de Notre-Dame-de-Bonne-Garde, établie depuis deux ans seulement, faisait déjà un bien immense aux filles de service et aux ouvrières. Appelé un jour de fête, en 1847, à donner une instruction spéciale aux *revendeuses* de la halle et des marchés de Nantes, le Père Laurent se sentit, en descendant de chaire, inspiré de parler plus fréquemment à cette classe de femmes. Après bien des démarches, bien des tentatives, où plus d'une fois son zèle fut grandement éprouvé, il se décida à donner aux revendeuses les exercices d'une retraite. Le succès dépassa ses espérances. Sous l'impression de la grâce, ces braves femmes se réunirent après le dernier sermon, et demandèrent au Père Laurent qu'il voulût bien former pour elles aussi une association à part. Cette demande entrait trop bien dans les désirs du Père, pour qu'il ne s'y montrât pas favorable : il se hâta donc d'organiser la Société des revendeuses et la mit sous le patronage de la sainte si chère au cœur des Bretonnes, sainte Anne.

M. l'abbé Vrignault, toujours si dévoué aux œuvres de zèle et spécialement à celles que le Père Laurent dirigeait, voulut bien être le supérieur de cette nouvelle Association. Avouons-le, le succès de la première heure fit trop tôt place au relâchement. Après quelques années de ferveur, les dames de la halle se mirent peu en peine d'assister aux réunions ; le règlement fut négligé et une sorte de désertion en fut la conséquence. Ce fut un des grands chagrins du Père Laurent. Il fallut même quelquefois l'empêcher de faire de nouvelles démarches auprès de celles qu'il appelait *ses bonnes revendeuses*.

Il aurait voulu se rendre aux marchés de la ville, s'adresser à ses associées négligentes, leur faire de paternels reproches et les ramener à leur première ferveur. On l'en détourna : c'eût été fort inutilement compromettre non seulement sa propre personne, mais encore la dignité de tous les autres prêtres. Il s'y résigna et offrit à Dieu ce sacrifice, comme il fit plus tard le sacrifice du *catéchisme de persévérance*.

Les *dames de la halle* lui restèrent néanmoins toujours très attachées, et dans mainte circonstance prouvèrent combien puissant était sur leur conscience et sur leur cœur son religieux et paternel souvenir. Entre cent autres, voici deux faits qui le prouvent : ils ne manquent pas d'originalité.

Un jour de fête, mais jour d'abstinence, le frère acheteur s'était rendu d'assez bon matin au quartier de la halle aux poissons. Il lui fallait, vu la solennité, une belle pièce ; mais il fallait aussi compter avec le Père procureur. Il regarde, étudie, calcule en face de l'étalage. Et voyant un fort beau poisson « *Combien cette pièce ?* demande-t-il à la vendeuse. — *Vingt francs*, mon cher frère, *vingt francs*. — Mais, madame, reprit le pauvre acheteur, c'est impossible de vous payer ce prix-là ! Donnez-moi votre poisson pour..... — C'est à prendre ou à laisser, » dit la marchande. Et en même temps un serviteur de l'évêché se présentait, faisait même demande que notre bon frère et recevait, sur un ton un peu plus aigre, même réponse : « C'est vingt francs, monsieur ! Quand on veut une belle pièce, on la paie ce qu'elle vaut ! » Elle n'avait pas achevé sa phrase, qu'une grande dame, accompagnée d'une servante, demandait à son tour le prix du fameux poisson. « Mais, madame, depuis un quart d'heure, je le crie de toutes mes forces : c'est vingt francs ! — Allons, ma petite mère, c'est entendu, je vous le paierai douze francs. — Douze francs, ce morceau-là ! reprend la vendeuse sur un ton qui sent l'indignation, jamais, madame, jamais ! Tenez, j'aimerais mieux... » et elle prenait son magnifique poisson et semblait vouloir le jeter à la tête de la grande dame. Et rappelant le bon frère acheteur : « Oui, madame, j'aimerais mieux le mettre pour rien dans le panier du cher frère, à l'intention de notre bon Père Laurent. » Et ce disant, elle glissa le poisson dans la bourriche du frère : « *C'est pour rien*, dit-elle, *je vous le donne pour le bon Père Laurent*. »

Cent fois le récit de cette anecdote a égayé la récréation des Pères à la résidence de Nantes, et, à certains jours, a fait regretter au Père procureur l'absence du bon Père Laurent. Le frère acheteur était-il court d'argent à l'heure des provisions, les Pères Hus, Louis Marquet et autres confidents des secrets de la procure en détresse, s'écriaient aimablement : « Oh ! si le bon Père Laurent n'était pas en mission, les bonnes dames de la halle nous viendraient certainement en aide ! » Et ils rappelaient l'histoire du fameux poisson.

Un jour, une de ces mêmes *dames* était en discussion avec un sergent de ville : le dialogue s'échauffait et l'agitation de la *dame* se traduisait par des gestes plus ou moins rassurants. Ses yeux lançaient des éclairs, sa bouche des bordées peu courtoises : bref, la colère l'emportant, elle approchait déjà son poing du nez de l'agent qui allait enfin prendre l'affaire au sérieux, quand tout à coup, comme si le bras de Dieu l'eût désarmée : « Ah ! misérable, fit-elle, tu es bien heureux que le bon Père Laurent m'arrête ; car, vois-tu, je pense à ce bon saint homme de Père, et je ne voudrais pas lui faire de la peine en me fâchant et en t'aplatissant sous mes coups ! » Était-ce la pensée du confessionnal qui la calmait, la crainte d'un aveu plus pénible à faire ? Toujours

est-il que le souvenir du *bon Père* mit fin à la tem-
pête. J'ignore si le sergent de ville ne poussa pas
l'affaire plus loin.

Une autre œuvre, *l'œuvre des cigarières*, fut également entreprise par le bon Père. Toujours à la
recherche des âmes plus ou moins abandonnées, il
avait appris que les filles employées à la manufacture de tabac, à Nantes, étaient privées de tous
secours religieux et croupissaient dans une déso-
lante et coupable ignorance. Il n'en fallait pas davantage pour exciter son zèle. Il voulut donc se faire
aussi *l'apôtre des cigarières*. Soutenu par le directeur
de la manufacture, homme intelligent et sincèrement
chrétien, il institua pour elles des conférences heb-
domadaires dans lesquelles il leur apprenait les éléments de la religion. L'établissement étant à l'extré-
mité de la ville, le Père devait ainsi chaque semaine
faire une course fatigante ; il n'en tenait pas compte,
heureux de pouvoir, pendant les instants mis à sa
disposition, instruire ces pauvres filles et leur témoigner sa paternelle affection. Cet humble ministère
ne fut pas sans consolations pour le Père Laurent.
Malheureusement le dévouement de l'apôtre fut
entravé ; une fois de plus il fut prouvé qu'un laïque
chrétien disparaissant, l'action du prêtre perd souvent son appui. Que dire, si au laïque chrétien suc-
cède un libre-penseur ? Dans ces mécomptes dont la
vie de l'apôtre n'est que trop souvent remplie,

l'homme de Dieu dut se consoler, en méditant cette parole que saint Bernard adressait au pape Eugène III, son ancien disciple : « Dieu demande que vous remplissiez dignement votre ministère, il n'exige pas autre chose : *curam a te non curationem exigit Deus*. Le succès est l'œuvre du Seigneur. »

CHAPITRE XVII

Sollicitude du Père Laurent pour l'Association de Notre-
Dame-de-Bonne-Garde. — Ses vœux au nouvel an. — La
charité fraternelle. — Avis pratiques. — Son indignation
à propos d'une bonne d'enfant. — La prière du matin et
du soir. — La tenue à l'église. — Communion. — Sainte
messe. — Sacré-Cœur de Jésus.

L'affection se prouve par les œuvres. Le Père
Laurent ne recula jamais devant aucun sacrifice,
quand il fut question des âmes ; les faits sont là pour
le démontrer. Il faut bien dire cependant qu'il avait
une prédilection pour l'œuvre de Notre-Dame-de-
Bonne-Garde, et que pendant une trentaine d'années
elle fut l'objet constant de sa sollicitude. Il n'en faisait pas mystère. C'est à ses chères associées surtout qu'il aimait à redire combien il avait à cœur
leurs intérêts spirituels. Il fallait l'entendre à l'époque
du nouvel an ! « Mes chères enfants, leur disait-il,
dans les maisons où vous servez, on se souhaite
aujourd'hui la bonne année ; les enfants l'ont sou-
haitée à leurs parents... Mais vous, qui êtes éloi-
gnées de vos familles, vous ne pouvez ni souhaiter
la bonne année à vos pères et mères, ni recevoir
leurs vœux. Eh bien ! moi, je vous la souhaite avec

plus d'affection encore que ne le feraient vos parents, parce que la sainte Vierge me donne toute sa tendresse et que je vous regarde comme ma famille. Vous êtes en effet la famille de la sainte Vierge, et cette famille elle m'est confiée. Oui, j'ai pour vous l'affection d'un ami, d'un père : je suis l'ami des âmes... L'ami des âmes ! oh ! que ce titre m'est cher ! Je voudrais, mes enfants, que l'on gravât sur ma tombe : *Ici repose l'ami des âmes !* » Ce préambule fait, avec une tendresse toute paternelle, il entrait dans des détails pratiques et souhaitait à ces bonnes filles les grâces qui leur étaient plus nécessaires, pour servir Dieu librement et généreusement dans leur modeste condition. Puis les interrogeant à leur tour, il leur demandait quels vœux elles-mêmes formaient pour lui. « Qu'allez-vous me souhaiter à votre tour ? disait-il aimablement. Je le sais, mes chères enfants, car je connais vos cœurs, toutes vous voulez me souhaiter des choses excellentes... Ah ! mes enfants, mes chères enfants, le vœu qu'il faut que vous fassiez pour moi, le voici : *c'est que le bon Dieu m'accorde de vivre et de mourir saintement dans la Compagnie de Jésus !* » Dans les dernières années de sa vie, le fervent religieux aimait à indiquer à ces chères associées ce vœu par excellence de son cœur. Nous verrons qu'il sera admirablement exaucé.

La devise que le Père Laurent avait choisie pour ses Associations : *Un cœur et une âme, cor unum et anima una*, se vérifiait tous les jours, à la grande consolation du Père et des associées. La fusion du *Catéchisme de Persévérance* avec l'*Œuvre de Notre-Dame-de-Bonne-Garde* semblait devoir causer bien des embarras, éveiller bien des susceptibilités ; il n'en fut rien : l'union se fit doucement et sans récrimination ; les membres de ces deux œuvres se montrèrent animés de l'esprit de charité dont le Père Laurent leur donnait un perpétuel exemple, et le bien que le bon Père ne pouvait plus faire dans l'église Saint-Similien, se continua dans la chapelle de la Retraite, à la satisfaction de tous.

C'était un vrai bonheur pour lui de se retrouver dans cette chapelle de Notre-Dame-de-Bonne-Garde, au milieu de ses chères filles, les domestiques et les ouvrières. Les associées en ont souvent fait l'observation, à la louange du Père et pour leur propre consolation. « Son visage, disaient-elles, était ordinairement épanoui et souriant ; mais dès qu'il se trouvait avec nous, le Père était encore plus réjoui, tout en lui respirait la tendresse et la bonté de son cœur ; il ne se passait guère de réunion, sans qu'il ne nous rappelât combien il nous aimait et combien il désirait voir régner parmi nous la charité fraternelle. « *Mes enfants, mes petits enfants, aimez-vous « bien les uns les autres.* » disait-il sans cesse. C'était le cri du disciple bien-aimé de Notre-Seigneur : nous croyions entendre ce saint apôtre, en écoutant notre bon Père. » Quand il présidait aux réunions des *conseillères*, il revenait encore à la grande loi de la charité : « Mes chères filles, leur disait-il, vous n'êtes pas *conseillères* pour dominer et vous faire craindre, non, non ; souvenez-vous, je vous en conjure, que votre devoir est de connaître, d'aimer et de servir vos associées. Montrez-vous charitables envers elles ; saluez-vous, parlez-vous amicalement, lorsque vous vous rencontrez. Oh ! comme un petit mot affectueux édifie et fait du bien à l'âme ! » « Si vous saviez, disait-il un jour de réunion générale, si vous saviez le bonheur que j'éprouve quand j'entends une domestique me dire : « Mon Père, nous « sommes deux domestiques à la maison ; nous nous « entendons parfaitement, nous nous aimons comme « deux sœurs ! » Oui, mes enfants, les larmes alors me viennent aux yeux, tant ces bonnes paroles me consolent [1]. »

Peu de mois avant sa mort, il insistait encore sur la nécessité de cette vertu si chère au cœur de Notre-Seigneur. « N'allez pas, mes chères filles, me dire comme cela arrive quelquefois : « Que voulez-vous, « mon Père, nous ne pouvons nous souffrir. Pour « moi, je ne céderai pas à ma compagne, je suis « plus âgée qu'elle. » Eh bien, écoutez ce que moi je vais vous dire : Si vous êtes plus jeunes, vous devez vous soumettre ; si vous êtes plus âgées, vous devez donner l'exemple. »

[1] Témoignages de plusieurs zélatrices (1871-1872).

Aidé d'un coup d'œil pratique vraiment admirable, le Père Laurent devinait les circonstances où sa parole devait être plus incisive. Il poursuivait alors le vice dans ses derniers retranchements. Non seulement il en montrait la difformité en général, mais il avait l'art d'en faire des tableaux saisissants : qui de droit savait au besoin se reconnaître. Il mettait en scène la domestique paresseuse et malpropre, et montrait pour ainsi dire du doigt le désordre des appartements, des objets dont la tenue lui était confiée et qu'elle négligeait. Il stigmatisait les domestiques vaniteuses qui, emportées par la folle envie d'attirer les regards, dépensent en parures tout ce qu'elles gagnent, et souvent s'exposent aux plus compromettantes occasions. « Ayez, mes enfants, disait-il, une mise simple et modeste, comme il convient à votre position ; conservez le costume traditionnel de votre pays, tenez-y beaucoup. Une fille qui change de costume pour en adopter un autre, n'est ni estimable ni estimée. Et, ajoutait-il, ce changement est d'ordinaire l'indice d'un changement de conduite qui n'est pas à son éloge. » Il faisait aussi une verte leçon à ces domestiques maussades ou impertinentes, qui n'obéissent à leurs maîtres ou maîtresses qu'en murmurant, par boutades et selon leur caprice ; servantes qui sont bien vite renvoyées et battent ensuite le pavé des rues, restent sans place des semaines entières, et finissent par se gager à des maîtres sans religion, pour ne pas mourir de faim.

Il entrait surtout dans une sainte colère, lorsqu'il croyait devoir signaler le crime de ces indignes servantes, qui ne respectent pas les petits enfants confiés à leur garde.

Je me souviens encore, à trente ans de distance, de l'indignation qu'il laissa éclater devant moi et devant quelques autres Pères, dans un entretien où son cœur sacerdotal débordait. Nous parlions des graves responsabilités des domestiques appelées *bonnes d'enfants*. « *Ah ! mes Pères*, s'écria-t-il tout à coup d'un ton indigné, *si je n'avais pas craint de faire un scandale public, j'allais, il y a quelques heures, souffleter une de ces misérables bonnes !* — Que voulez-vous dire, Père Laurent ? — *Tenez, je traversais le cours Saint-Pierre. Que vois-je ? Une indigne bonne qui manquait de respect au petit ange qu'elle tenait entre ses bras. Oui, à cette vue mon cœur bondit de colère ! Et j'ai failli la souffleter, pour lui apprendre que ces chers petits enfants sont le temple vivant de l'Esprit-Saint !* » Et ce disant, le bon Père frémissait encore d'indignation.

Entre autres recommandations que le Père Laurent faisait avec insistance à ses chères filles, il convient de signaler la fidélité à prier matin et soir. J'ai entendu un jour traiter d'exagération l'enseignement du Père sur ce point. Je ne saurais admettre qu'il voulût taxer de crime l'oubli ou la négligence de telle ou telle prière ; le Père Laurent n'était par nature ni janséniste ni rigoriste ! Cela dit, je conviens qu'il se montrait exigeant par rapport à ce devoir. Comme tous les saints, il disait qu'un bon chrétien ne doit jamais manquer à la prière quotidienne. « Rien ne doit vous empêcher, « mes chères filles, de satisfaire à cette sainte loi de « prier Dieu matin et soir. Ne quittez jamais votre « chambre, le matin, sans avoir dit au moins un « *Pater* et un *Ave*, lors même que vous sortiriez « pour aller à la messe, avec l'intention d'y faire « votre prière. Faites de même le soir, avant de « prendre votre repos. N'y manquez jamais et *priez* « *à genoux*. Mes petits enfants, ajoutait le bon vieil- « lard, qui donc vous a donné l'existence? qui donc « vous donne le pain de chaque jour et tout ce dont « vous avez besoin? C'est le bon Dieu, il faut donc « l'invoquer, il faut le remercier. Oh! oui, demandez « à Dieu ses grâces; oui, soyez bien reconnaissantes « de ses bienfaits. *Mes filles, j'aimerais mieux recevoir* « *un soufflet que d'entendre dire que l'on manque sa prière* « *du matin et du soir* [1]. »

La dévotion qu'il montrait à l'autel pendant le saint sacrifice, il cherchait à la faire passer au cœur des autres, soit par sa direction au tribunal de la pénitence, soit dans ses conversations ou ses dis- cours. Il ne souffrait pas que les associées de Notre-

[1] Le Vén. Père de la Colombière écrivait un jour : « Ne manquez jamais à la prière du matin, autrement vous vous exposeriez à tout perdre. Il faut que cela passe avant tout le reste. » (Lettre 25e.)

Dame-de-Bonne-Garde s'appuyassent sur le dos des chaises devant le Saint-Sacrement : « Agenouillez-« vous, mes enfants, leur disait-il, à terre, à deux « genoux ! et surtout ne faites pas comme certaines « personnes qui souillent les églises de leurs cra-« chats. Pensez que Notre-Seigneur est là en per-« sonne. Est-ce que vous cracheriez dans la chambre « de vos maîtres, de vos maîtresses ? Eh bien, mes « chères filles, le maître des maîtres est là, au taber-« nacle. Respectez-le. » Cet avis du Père directeur de l'Association de Notre-Dame-de-Bonne-Garde ne serait point déplacé pour tant d'hommes et de femmes qui, dans la maison de Dieu, semblent trop souvent oublier les premières lois du respect et de la bonne éducation.

Le Père Laurent voulait aussi que cette tenue respectueuse se manifestât au moment de la communion. « Lorsque vous vous approchez de la table « sainte, disait-il, présentez-vous modestes et re-« cueillies ; placez-vous à la suite des autres per-« sonnes et ne forcez pas le prêtre, comme il arrive « quelquefois, d'aller à vous jusqu'aux extrémités « de la sainte table. Est-ce donc à Notre-Seigneur « d'aller vous chercher, lui, le Roi du ciel et de la « terre ? N'est-ce pas à vous, pauvre néant que vous « êtes, de vous approcher de Lui ? Ne pas le faire, « c'est manquer aux égards dûs à Jésus-Christ. »

Dans ses instructions, il recommandait souvent l'assistance à la messe et expliquait la manière de l'entendre. Il insistait particulièrement sur une offrande qu'il eût voulu voir pratiquer par tous les fidèles.

« Notre-Seigneur, disait-il, est notre victime à « l'autel ; là, il nous appartient ; offrons-le donc à la « divine Majesté, par les mains de Marie, comme « cette tendre Mère l'offrit elle-même au jour de la « Présentation. Le principal moment pour faire cette « offrande, c'est celui de l'Élévation. Mais afin que « Dieu accepte plus favorablement nos demandes, « unissons-nous nous-mêmes à l'adorable victime que « nous présentons au Père Éternel. Vous pouvez « aussi faire votre offrande au moment où le prêtre, « après le *Credo*, tient entre ses mains la patène. « Placez-vous en esprit sur cette patène, à côté de « l'hostie que le prêtre doit consacrer ; offrez à Dieu « votre corps, votre âme, tout ce que vous avez et « possédez, et aussi tous ceux qui vous sont chers. « Offrez-lui surtout votre vie et la fin de votre vie, « afin que, tout en vous étant purifié par cette « offrande et sanctifié par ce sacrifice que vous unis- « sez au sacrifice de Notre-Seigneur, vous obteniez « ainsi l'assurance de la vie éternelle. »

L'amour du Père Laurent pour le Divin Maître éclatait de la manière la plus touchante aux jours d'adoration solennelle, d'amende honorable, à la fête du Sacré-Cœur de Jésus.

Une zélatrice de Notre-Dame-de-Bonne-Garde

écrivait, peu de temps après la mort du saint directeur de l'Association :

« Le Père Laurent avait une grande dévotion au
« Sacré-Cœur de Jésus, il fut le premier à nous
« l'inspirer. Il nous parlait souvent du culte qu'il
« fallait rendre à ce divin Cœur, et il le faisait avec
« une touchante piété.

« Un jour de la fête du Cœur de Jésus, le Père
« nous expliquait comment cette dévotion avait pris
« naissance. Tant qu'il ne parla que de la bienheu-
« reuse Marguerite-Marie, son ton fut calme ; mais
« quand il fut rendu aux paroles de Notre-Seigneur
« disant à sa servante : *Adresse-toi à mon serviteur le*
« *Père de la Colombière*, il s'arrêta, les sanglots étouf-
« fèrent sa voix. Son émotion était si vive, son cœur
« si brûlant d'amour, que son visage en était rayon-
« nant (*sic*), un cri plutôt qu'une parole s'échappa
« de ses lèvres : *Oh ! qu'il était heureux, mon Seigneur*
« *Jésus-Christ, celui que vous appeliez votre serviteur,*
« *le serviteur de votre Cœur adorable !! Et comme je*
« *vous remercie, mon Seigneur Jésus, d'avoir choisi un*
« *Père de la Compagnie pour être l'apôtre de votre*
« *Cœur !!* Mes enfants, mes petits enfants, donnez-
« moi toutes vos cœurs, afin que moi, l'indigne ser-
« viteur du Cœur de Jésus, je les lui présente. Oui,
« mon Jésus, je vous les donne, ces cœurs ! Ce sont
« les cœurs de mes enfants ! vous me les avez con-
« fiées... elles sont la famille de votre sainte Mère.

« Et moi. oui, je suis votre serviteur, le serviteur
« de votre Cœur, puisque vous m'avez appelé à
« votre Compagnie, à laquelle vous avez donné
« d'une manière spéciale la mission de faire con-
« naître, honorer, glorifier votre divin Cœur ! Eh
« bien ! le Père s'offre à vous avec ses enfants !... »

« Et comme le bon Père, continue la Zélatrice,
vit notre émotion et que nous pleurions, il s'écria
dans un élan d'amour : « *Merci, mon Seigneur Jésus !*
merci !... Ces enfants vous aiment et c'est de tout leur
cœur qu'elles se sont données à Vous ! » En transcrivant
ces lignes, l'émotion que nous éprouvons nous
explique facilement celle du pieux auditoire.

Parlant un autre jour de la tendresse du Cœur de
Notre-Seigneur pour ses apôtres : « Et moi aussi,
« mes enfants, je vous aime, dit-il avec son accent
« paternel ; mais si je vous aime, c'est parce que
« j'ai puisé cette tendresse dans le Cœur de mon
« Jésus ! Aimez-le donc, mes enfants, ce divin
« Maître ! il est si bon, si beau, si tendre ! C'est le
« plus beau des enfants des hommes ! Oui, aimez sa
« sainte humanité ! — Voyez la beauté de ses yeux
« où se reflète son âme sacrée. Vous n'y faites pas
« assez attention ; vous ne contemplez pas assez la
« personne adorable de Jésus-Christ. Et, cependant
« il a pris un corps semblable au nôtre par amour
« pour nous, pour que nous nous entretenions plus
« familièrement avec lui. »

Aux fêtes des Quarante heures célébrées dans

l'église de la résidence, le Père Laurent était ordinairement désigné pour lire l'Amende honorable. Sa
voix forte, accentuée et souvent émue jusqu'aux
larmes, produisait toujours une vive impression sur
l'assistance. Naguère encore, un pieux laïque nous
parlait avec attendrissement de cette touchante
solennité et de l'émotion, que faisait passer au cœur
de tous, la voix gémissante du bon Père. Cependant
la cérémonie de l'Amende honorable faite dans la
chapelle de Notre-Dame-de-Bonne-Garde était plus
émouvante encore. Il est facile de le comprendre.
Dans ces circonstances, le Père était seul avec ses
associées, et il pouvait donner plus libre cours aux
sentiments de son cœur. Prosterné sur les marches
de l'autel pendant le chant du *Parce, Domine...* il
offrait sa vie pour la conversion des pécheurs, i
gémissait, il sanglotait ; et se relevant noyé dans
les larmes, c'est à peine s'il pouvait dire les orai-
sons.

La cérémonie était-elle terminée, son cœur ne
pouvait contenir l'émotion qui l'étouffait, et d'une
voix attendrie : « Mes chères enfants, disait-il aux
associées, vous n'avez pu toutes me voir pendant
l'amende honorable... Eh bien, j'étais étendu comme
une victime sur le marchepied de l'autel ; là, chargé
de tous vos péchés, j'offrais ma vie pour vous. Je
disais : Mon Dieu, épargnez mes enfants ; elles ont
beaucoup péché... Si elles ont mérité des châti-

ments, me voici, Seigneur, frappez le père, mais
épargnez les enfants ! » Et ces simples paroles, dites
avec l'accent inimitable du père, allaient droit aux
cœurs de ces bonnes filles. Il n'en fallait pas davantage pour faire couler leurs larmes.

CHAPITRE XVIII

Constatant tous les jours l'heureuse influence de
l'OEuvre de Notre-Dame-de-Bonne-Garde, le Père
Laurent s'efforçait d'étendre son action bienfaisante,
en augmentant le nombre des associées parmi les
domestiques et les ouvrières de la ville. C'est à
l'époque de la retraite annuelle qu'il déployait surtout son zèle pour faire connaître, estimer et recher-
cher l'Association. Alors en effet, toutes les domestiques de Nantes sont invitées à prendre part aux
exercices spirituels, elles y viennent ordinairement
en très grand nombre : nulle occasion plus favorable pour faire apprécier l'Association. « Mes chères
filles, leur disait le bon Père, l'œuvre par excellence
pour vous, c'est Notre-Dame-de-Bonne-Garde. C'est
une famille qui doit remplacer celle que vous avez
quittée, elle vous tend les bras. Mes pauvres enfants,
vous vous êtes séparées de vos parents. Elle est
bien éloignée de vous cette bonne mère qui vous

aime tant et qui vous donnait de si sages conseils...
Elle n'est plus là pour vous encourager... Pères,
mères, frères, sœurs, tous vous témoignaient au pays
beaucoup d'affection : vous avez dû les quitter, et
vous arrivez dans cette grande ville pour gagner
votre vie et pour venir en aide à vos chers parents.
Vous ne connaissez personne, tout vous paraît bien
froid, bien indifférent autour de vous... Vous entrez
dans des maisons, où quelquefois il n'y a pas de
religion, où l'on ne veut pas vous permettre d'accomplir vos devoirs de chrétiennes : vous êtes découra-
gées et vous ne savez plus que devenir ! Autour de
vous les dangers se multiplient pour votre perte...
car plus les villes sont grandes, plus il y a d'entraî-
nement, plus il y a de séduction... Malheureusement
vous n'avez personne pour vous montrer ces dangers, pour vous faire éviter les pièges tendus sous
vos pas... Et puis, si vous êtes obligées de sortir de
vos places, vous ne savez où vous adresser ; et alors
à quels nouveaux périls n'êtes-vous pas exposées?
Eh bien, mes chères enfants, écoutez l'article du
règlement qui fait connaître les conditions pour être
reçue dans notre Association... Si, après cette lec-
ture, vous ne voyez rien qui puisse vous empêcher
d'en faire partie, venez à nous, nous vous recevrons
de tout notre cœur. Ici vous trouverez une bonne
Mère, Notre-Dame-de-Bonne-Garde, qui prendra soin
de vous ; vous trouverez une vraie famille, des
compagnes qui vous aimeront, vous encourageront :

d'utiles conseils vous seront donnés ; on vous placera convenablement dans des maisons chrétiennes ; en un mot, vous serez sous la maternelle et puissante protection de Notre-Dame-de-Bonne-Garde.

« Vous viendrez tous les mois entendre nos instructions simples et pratiques, appropriées à vos devoirs d'état. Oui, mes chères filles, toutes nos exhortations ici sont faites uniquement pour vous. Pour vous nos belles fêtes, nos communions générales, nos magnifiques processions... Et puis, quand vous sortirez de place, vous trouverez dans notre maison de Sainte-Marthe un asile parfaitement sûr, qui vous permettra d'attendre, loin de tout danger, que la Providence vous ait procuré une autre position. Vous savez bien que nos chères Directrices et Zélatrices vous seront toutes dévouées. »

C'est avec ce langage paternel que le Père Laurent faisait apprécier son Œuvre aux domestiques et aux ouvrières, venues de tous les points de la ville aux réunions de la retraite. Chaque année, un grand nombre d'entre elles se faisaient inscrire parmi les postulantes, et sollicitaient la faveur d'entrer dans l'Association de Notre-Dame-de-Bonne-Garde.

J'ai parlé de la retraite annuelle, donnée par le Père Laurent ou par un de ses confrères, aux domestiques de la ville de Nantes. Je crois inutile d'insister sur le zèle du Père en cette circonstance ; mais pour l'édification et l'encouragement de tous, je

tiens à redire ici ce que j'ai pu constater moi-même,
ce que tant d'autres prêtres ont vu comme moi, je
veux dire l'empressement admirable de ces bonnes
filles à se rendre aux exercices. Souvent avant cinq
heures et demie du matin, la chapelle est remplie
de trois cents, quatre cents domestiques, accourues
de toutes les extrémités de la ville, bravant tantôt la
pluie, tantôt la neige ou le verglas, toujours la
rigueur de la saison. Cette retraite en effet, se donne
dans la semaine qui précède le 2 février. — Un
nombre considérable suit également l'instruction de
deux heures ; mais c'est le soir surtout, à sept heures
et demie, après toutes les fatigues de la journée, que
l'assistance est merveilleuse. Ce sont sept cents,
huit cents, mille domestiques et ouvrières qui s'en-
tassent dans la chapelle de l'Œuvre ; et, au jour de
la clôture, l'enceinte est d'ordinaire trop étroite :
les modestes tribunes comme les places réservées
aux religieuses, tout est envahi ; et les prêtres,
témoins chaque année de ce beau et touchant spectacle, en sont ravis et grandement consolés.

Voici un fait entre mille qui prouve avec quel
entrain la retraite annuelle est suivie. Une associée
venait de se coucher à une heure fort avancée de la
nuit : c'était la veille de la communion générale.
Après quelques instants de repos, elle est réveillée
tout à coup. Quelle heure est-il ? se demanda-t-elle.
Elle n'a pas de montre, les pendules sont dans les
appartements des maîtres ; elle ne peut vérifier...

Inquiète, craignant d'être en retard pour la messe de communion, elle se lève, s'habille à la hâte et bientôt elle a quitté le logis. Elle est en marche, et d'un pas précipité elle parcourt les rues. Il lui faut traverser une grande partie de la ville pour se rendre à la chapelle des réunions. Favorisée par un beau clair de lune, elle ne s'égare pas ; mais elle n'est pas médiocrement étonnée du profond silence dans lequel la ville est plongée, plus étonnée encore de ne rencontrer âme qui vive, pas même une associée de Notre-Dame-de-Bonne-Garde. Arrivée en face de la Cathédrale, elle entend sonner l'horloge. Deux coups ! Deux heures !... C'était en plein hiver, et la chapelle ne s'ouvrait guère avant cinq heures et demie. La pieuse servante en prend son parti ; tantôt blottie dans un coin, tantôt marchant à grands pas pour se réchauffer, elle attend, trois heures durant, l'ouverture de la chapelle. « Notre-Dame-de-Bonne-Garde, disait-elle en racontant son aventure, gardait sa fille. » Ce que Marie garde est bien gardé.

CHAPITRE XIX

Une des grandes consolations du Père Laurent dans la direction de l'Œuvre de Notre-Dame-de-Bonne-Garde, fut de trouver, parmi ses associées, des âmes d'élite appelées par le divin Maître à la perfection religieuse. Il estimait et aimait trop sa propre vocation, pour ne pas se réjouir de celle qui était faite à plusieurs de ses bonnes filles. Une Supérieure de communauté écrivait le 22 août 1872 : « A la fin d'une réunion de Notre-Dame-de-Bonne-Garde, le bon Père Laurent s'approcha d'une associée (elle est maintenant une de nos chères sœurs), et lui fit des reproches de ce qu'elle laissait les cierges brûler, la cérémonie étant achevée et la sacristaine malade. Puis il ajouta : Vous n'êtes point, mon enfant, où le bon Dieu vous veut. La Sainte Vierge me l'a fait connaître. — Mon Père, répondit la jeune personne, j'ai fait plusieurs démarches pour entrer en communauté, mais je sens que ce n'est pas dans ces congrégations que le bon Dieu m'appelle. — Je vais m'occuper de vous, mon enfant. »

« Le bon Père vint, peu après ce petit entretien, parler à nos Mères et leur proposa cette nouvelle postulante qui fut acceptée avec joie. Quelques jours plus tard, cette demoiselle, attendant au parloir un des Pères qui lui avait promis des reliques, fut reconnue par le R. P. Laurent. Il lui fit plusieurs questions et ajouta : « Vous faites aujourd'hui ce qu'a fait Saül. Son père l'envoya chercher ses ânesses, il remporta une couronne ; et vous, qui êtes venue chercher des reliques, vous remporterez quelque chose de plus précieux, la vocation religieuse. » Ce saint prêtre lui parla ensuite de son entretien avec nos bonnes Mères. Toutes les difficultés s'aplanirent : le bon Dieu dirigea les pas de son élue vers notre Maison, où ses désirs furent enfin comblés, car depuis longtemps elle soupirait après le bonheur de se dévouer pour ramener à Dieu les âmes égarées. »

La même Supérieure, parlant d'une sœur converse qui avait fait partie de l'Association de Notre-Dame-de-Bonne-Garde, écrivait encore : « Cette chère « sœur conserve toujours une grande dévotion à la « Sainte Vierge ; elle lui a été suggérée par le « R. P. Laurent. Une parole surtout qu'il adressa à « ces bonnes filles dans une de ses premières instruc-

« tions, la frappa vivement. « Mes chères filles,
« leur demanda-t-il, voulez-vous être *enfants* ou
« *servantes* de la Sainte Vierge ? Les servantes, vous
« le savez bien, remplissent quelquefois leurs devoirs
« de mauvaise humeur, comme par force : les enfants
« au contraire, sont heureux de faire plaisir à leurs
« mères, et font tout avec joie. On doit avoir tant
« de respect et d'amour pour sa mère ! *Pour moi,*
« ajouta-t-il, *je n'écris jamais à la mienne qu'à genoux.* »

Une jeune fille de l'Association venait d'être
reçue comme postulante dans une communauté, dont
les membres peuvent être envoyés jusqu'aux extrémités de la terre, pour travailler au bien des âmes
et au soulagement des corps. Ravie de bonheur en
apprenant son admission, elle assistait, pour la dernière fois, à une réunion de l'Œuvre. Au sortir de
la chapelle, elle ne put retenir son émotion : « Mes
amies, dit-elle à quelques-unes de ses compagnes,
c'est pour la dernière fois que je viens de partager
vos joies dans le sanctuaire de Notre-Dame et d'y
recevoir la bénédiction de son adorable Fils !... J'ai
demandé une grâce au bon Dieu, au nom de Notre-
Dame-de-Bonne-Garde. J'espère qu'il ne me la refu
sera pas. « Seigneur, lui ai-je dit, je suis la première de notre Association qui part pour ce couvent, où votre bonté m'appelle. Que je ne sois pas
la dernière ! » Son vœu fut exaucé, cinq autres
associées de Notre-Dame-de-Bonne-Garde ne tar-

dèrent pas à entrer dans le même institut. Plus tard cette fervente religieuse écrivait à ses anciennes compagnes : « Je suis bien loin de vous, mes chères sœurs (elle était en Chine), 5.000 lieues nous séparent ; mais mon cœur est avec vous, et souvent je m'unis à vos prières, au pied de Notre-Dame-de-Bonne-Garde ! Aidez-moi à bénir Dieu et Marie ! C'est au milieu de vous qu'a germé ma chère vocation, c'est sous la direction de notre vénéré Père Laurent ! Ah ! le bon Père, je ne l'oublierai jamais ! » On comprend avec quel tressaillement de sainte joie et quelle vive reconnaissance le fervent religieux voyait de semblables vocations !

Le zèle du Père alimentait celui des associées de Notre-Dame-de-Bonne-Garde. Domestiques et ouvrières trouvaient moyen, malgré leurs faibles ressources, de venir en aide aux grandes œuvres catholiques. Je ne parle pas de celle de la Propagation de la Foi : la plupart, je n'en doute pas, en faisaient partie. Je signale en passant, l'œuvre de saint François de Sales. Chaque année elles offraient au directeur local de cette œuvre la somme de 250 francs ; elles voulaient venir au secours de notre pauvre France, qui voit chaque jour, en certaines localités, l'esprit de foi faire place aux erreurs du protestantisme et aux insolentes négations de l'incrédulité.

L'Association montra sa générosité dans une autre

circonstance qu'il nous plaît de rapporter avec quelques détails. Personne n'ignore en quels périls se trouvait Pie IX après la triste convention du 15 septembre 1864, signée entre la France de Napoléon III et l'Italie de Victor-Emmanuel. Dieu, hélas ! s'est chargé, depuis cette date fatale, de prouver au monde quel crime avait commis le royaume très chrétien, en abdiquant son rôle séculaire de protéger Rome et le Vicaire de Jésus-Christ. En 1867, les dangers devenaient plus menaçants, et de tous les points de l'univers catholique arrivaient, près de l'immortel Pie IX, de jeunes volontaires. Ils voulaient se faire les défenseurs et, au besoin, les martyrs de la papauté et de sa souveraineté outragée.

Le Père Laurent entretenait de temps en temps ses bonnes filles des malheurs de Rome, des souffrances de Pie IX et aussi du dévouement des zouaves pontificaux. Plus d'une fois on entendit quelques-unes de ces braves bretonnes regretter de ne pouvoir s'enrôler au service du Saint-Père ; il fut question pour plusieurs de demander à partir, afin de se dévouer, non en portant les armes, mais en se faisant infirmières, dans les ambulances des soldats du Pape. C'était peu pratique : voici qui le fut davantage, à la grande consolation du Père Laurent.

Le 30 mai 1867, le conseil de Notre-Dame-de-Bonne-Garde manifesta spontanément le désir de voir l'Association entretenir un zouave au service du

Souverain Pontife. Grande fut la joie du Père Laurent, en entendant cette proposition ; il y applaudit des deux mains, s'occupa sur l'heure des mesures à prendre pour exécuter sans délai cette généreuse pensée, et les zélatrices se mirent à l'œuvre. Moins de deux mois après, la section des domestiques avait donné 1.000 francs et celle des ouvrières 100 francs pour l'entretien d'un zouave. Le Père Laurent, au comble du bonheur, crut devoir annoncer cet acte de piété filiale envers le Pape à M⁸ʳ Jacquemet, et le 27 juillet il écrivait à Sa Grandeur :

« Monseigneur,

« Plusieurs domestiques de l'Association de Notre-Dame-de-Bonne-Garde, touchées de ce qu'elles avaient lu ou entendu dire de l'œuvre des zouaves pontificaux, ont eu le désir de contribuer à cette bonne œuvre. Elles aussi auraient voulu avoir près du Saint-Père un zouave pour représenter leur Association. Elles m'en ont parlé. Ce désir était trop louable, pour que je ne me sois pas empressé de l'approuver. Mais comment le réaliser ? Je ne voulais pas qu'on fît de quêtes publiques : nous n'en faisons jamais dans l'Association pour des besoins ou des intentions particulières. Ces bonnes filles se sont parlé entre elles, et bientôt elles sont parvenues à faire une somme assez considérable, relativement à

leur pauvreté. Leur zèle et leur charité dans cette
circonstance étaient admirables; j'ai été touché jusqu'aux larmes, en écoutant les récits qu'elles me
faisaient. Elles donnaient des pièces de 5 francs, de
10 francs, comme d'autres auraient donné 50 centimes. Une d'entre elles voulut donner 50 francs; et
comme ses compagnes la reprenaient, lui disant que
c'était trop : « Non, non, dit-elle, ce n'est jamais
« trop : c'est pour mon Père ! Et si vous ne voulez
« pas recevoir ces 50 francs, j'irai les déposer dans
« le tronc du Denier de saint Pierre. »

« Enfin, Monseigneur, ces bonnes filles ont réuni
entre elles une somme de 1.000 francs. Les ouvrières
de la même Association, informées de ce que faisaient les domestiques, n'ont pas voulu rester en
arrière; elles ont formé une somme de 100 francs :
et ce sont ces deux sommes réunies, *1.100 francs*,
que les domestiques et les ouvrières de Notre-Dame-
de-Bonne-Garde déposent aux pieds de Votre Grandeur pour l'œuvre des zouaves pontificaux.

« C'est l'obole de la veuve présentée par les mains
de Votre Grandeur à Notre-Seigneur Jésus-Christ
dans la personne du Souverain Pontife. Le Seigneur
l'agréera; il agréera surtout, je l'espère, les vœux
ardents et toutes les prières que nous ne cessons de
faire pour le Saint-Père dans l'Association. Cette
petite offrande n'est qu'un faible témoignage de tous
nos sentiments et de tous nos vœux.

« Vous êtes, Monseigneur, non seulement l'Évêque,

mais encore le Supérieur spécial, c'est-à-dire le Père
de toutes ces pauvres filles. Leurs sentiments, j'en
suis sûr, réjouiront, consoleront votre cœur. Votre
bénédiction, jointe à celle du Saint-Père, que nous
espérons obtenir par votre entremise, sera pour
nous le gage des bénédictions de Dieu.

« Daignez agréer, Monseigneur, l'hommage du
plus profond respect avec lequel je suis,

« De Votre Grandeur,

le très humble et très obéissant serviteur,

« Aug. Laurent, s. j. »

Quelques jours après l'envoi de cette lettre, le
Père Laurent recevait de l'évêché la réponse suivante :

ÉVÊCHÉ DE NANTES   Nantes, le 2 août 1867.

« Mon Révérend Père,

« Je suis si touché de l'offrande que les domestiques et les ouvrières de l'Association de Notre-
Dame-de-Bonne-Garde ont déposée entre mes mains,
pour l'entretien des zouaves pontificaux, que je vous
demande de les remercier publiquement, en mon
nom et au nom du Souverain Pontife, de leur générosité et de leur dévouement. Dieu les connaît et il
a vu le sentiment profond de foi et de piété qui les

a inspirées ; seul il peut récompenser les sacrifices et le zèle tout catholique de ces bonnes filles.

« Pour moi, je les bénis au nom du Seigneur, et je suis assuré que le Saint-Père les bénira lui-même avec une grande tendresse. Souvent les moindres offrandes de ses enfants lui ont arraché des larmes de reconnaissance. Combien le don si généreux des associées de Notre-Dame-de-Bonne-Garde de Nantes ne touchera-t-il pas son cœur de père ?

« Je m'empresserai de faire parvenir au Souverain Pontife les 1,100 francs destinés par elles à l'entretien des zouaves, ses défenseurs.

« Recevez, mon Révérend Père, avec ma bénédiction, l'assurance de mon sincère attachement.

« † ALEXANDRE, évêque de Nantes. »

CHAPITRE XX

Comme tous les missionnaires, je dirais plus
exactement comme la sainte Église romaine, le Père
Laurent savait trouver dans les manifestations écla-
tantes du culte sacré un puissant moyen d'agir sur
les âmes. Ce qu'il faisait dans ses missions, dans les
grandes et les petites paroisses, il le faisait à Notre-
Dame-de-Bonne-Garde, toujours avec un nouvel entrain, malgré ses soixante-dix à soixante-quinze
ans ; toujours aussi avec un grand profit pour la
dévotion de ses chères associées. Les deux solennités où, grâce à la saison, le Père Laurent pouvait
déployer le plus de pompe, étaient le premier dimanche de mai et le premier dimanche d'août.
Alors on quittait l'enceinte trop étroite de la chapelle, pour faire une magnifique procession dans
l'enclos des Dames de la Retraite. Ces fêtes étaient
de vrais jours de triomphe pour le Père, parce qu'il
pouvait alors témoigner extérieurement son tendre
amour envers Notre-Seigneur et sa divine Mère.

Je laisse à l'imagination du lecteur de se figurer ces interminables files de postulantes, d'associées et de congréganistes s'avançant par centaines, sous leurs bannières, encadrant les statues de l'Ange Gardien et de Notre-Dame, parcourant les allées du jardin, serpentant à travers la cour intérieure du couvent et, comme le recommandait le bon Père, chantant à pleines voix cantiques et litanies, s'arrêtant aux instants voulus devant les monuments de la sainte Vierge et du Sacré-Cœur, pour y faire les prières usitées de l'Association. Il fallait voir alors le bon Père ! son visage rayonnait de joie : sa voix puissante et sonore semblait infatigable, et tout le monde répétait à son exemple, avec un merveilleux entrain, les louanges du Cœur de Jésus et de son auguste Mère.

Ces fêtes, au témoignage de plusieurs associées, « étaient si délicieuses, qu'elles faisaient rêver aux fêtes du Ciel et qu'elles en étaient comme un avant-goût. » Elles étaient si chères aux associées, que beaucoup de ces bonnes filles redoutaient l'époque de l'année où leurs maîtres allaient à la campagne. Alors, en effet, l'assistance aux réunions leur devenait impossible. Cependant on a vu quelques-unes des plus ferventes faire plusieurs lieues de chemin, pour ne pas être complètement privées de ces fêtes de famille. Le Père y trouvait lui-même une vraie consolation ; aussi, écrit une zélatrice, avant de nous quitter après le salut de clôture, le bon Père nous disait-il : « Oh ! mes chères enfants, quelles joies j'éprouve en ce beau jour ! Mais combien les fêtes du Ciel seront plus douces encore ! J'espère bien que nous y serons tous, tous sans exception. Non, pas une ne manquera au rendez-vous. » Après un dernier cantique d'action de grâces, tout le monde se retirait, le cœur fortifié et prêt à de nouveaux combats, pour conserver avec cette sainte allégresse l'amour de Dieu et la paix de la conscience.

Le Père Laurent, missionnaire dans le diocèse de Nantes, directeur des âmes et particulièrement de l'Association de Notre-Dame-de-Bonne-Garde à Nantes, nous est maintenant connu. J'ai tenu à montrer ce que peut un zèle persévérant, en faisant apprécier la belle œuvre des servantes et des ouvrières fondée par le Père et dirigée par lui pendant trente-trois ans. Je l'ai dit plus haut, il ne m'appartient pas de décider si cette œuvre est le plus beau et le plus fructueux monument de son apostolat ; mais ce qui est hors de doute et digne de tout éloge, c'est qu'en établissant l'Association de Notre-Dame-de-Bonne-Garde, le Père Laurent ne lui a imprimé aucun caractère de personnalité embarrassant pour ses successeurs, et qu'ainsi il a donné à l'œuvre une puissante vitalité. Depuis dix-huit ans, elle continue à prospérer sous la direction des Pères auxquels l'obéissance l'a confiée ; et jamais, croyons-nous, elle n'a été plus florissante qu'à l'heure même où nous

écrivons ces pages. Dieu en soit béni [1] ! Il nous reste
à étudier un peu plus intimement la vie religieuse
du vénéré Père. Je le ferai avec prudence et discrétion. Loin de moi de vouloir l'exalter à la hauteur
des héros que l'Église place sur les autels ; mais,
sans avoir cette folle prétention, je crois être en
droit d'affirmer que mes lecteurs redoubleront d'estime pour cet excellent Père, lorsqu'ils auront avec
moi pénétré dans le sanctuaire de son âme.

[1] Malgré la rigueur des temps et l'opposition systématique faite à la Compagnie de Jésus, nous pouvons dire
que des associations, semblables à celle de Notre-Dame-
de-Bonne-Garde, rendent tous les jours encore d'im-
menses services dans les villes d'Angers, de Bourges, de
Brest, de Laval, de Paris, de Poitiers, de Rouen et de
Tours. Je ne parle que des villes, où les Pères Jésuites
de la province de France ont des résidences. Inutile
d'ajouter que ces œuvres et tant d'autres du même
genre sont une réponse topique à ces prétendus zéla-
teurs qui, pour des motifs dont nous ne cherchons pas
le secret, dénoncent les Jésuites comme ne s'occupant
que du grand monde et délaissant le petit peuple.

IV

LE PÈRE LAURENT

SES VERTUS RELIGIEUSES

CHAPITRE XXI

Édifiant partout et partout dévoré de zèle, applau-
dissant à tout ce que le dévouement sacerdotal et
religieux pouvait entreprendre pour la gloire de
Dieu et le salut des âmes, le Père Laurent ne serait
à nos yeux qu'un religieux imparfait, s'il n'eût été
un modèle de régularité au milieu de ses frères.
Celui que les étrangers admiraient dans les presby-
tères et dans les couvents faisait également notre
édification dans la Résidence de Nantes. A l'intérieur
de la communauté comme dans ses courses apostoliques, il fut par excellence l'homme de la règle et de
la discipline religieuse. Ennemi de toute exception,
partageant les joies et les souffrances de ses frères,
gardant, même aux heures de récréation, cette vie

commune qui n'est pas la moindre mortification
dans les monastères, il ne voulait se distinguer que
par l'oubli de lui-même et par le complet assujettis-
sement à nos saintes observances. Cette fidélité à la
Règle, toujours si chère aux vrais religieux, fut une
des vertus caractéristiques du bon Père. Quant
aux exceptions ou permissions nécessitées par ses
œuvres, et auxquelles l'autorité avait donné sa sanc-
tion, il avait soin d'en prendre bonne note. Chaque
année, il les faisait renouveler par ses supérieurs.
On eût dit qu'il avait besoin de leur signature,
sorte d'authentique qui rassurât sa conscience
contre toute dérogation aux moindres lois. Il n'est
pas jusqu'à l'heure plus tardive de son coucher,
qu'il ne signale sur son carnet : « *Cette permission,*
écrit-il, *m'a été accordée* (tel jour, telle année), *par le
R. P. Provincial.* »

Le Père Laurent savait donc s'astreindre à cette
vie régulière, que les plus parfaits religieux n'ont
pas craint de comparer à la plus rude mortification,
que saint Bernard et saint Thomas appellent un
martyre.

Toujours levé à quatre heures, il ne quittait sa
cellule que pour descendre, après l'oraison, à son
confessionnal, dont les abords étaient envahis dès
cinq heures du matin. Il y restait d'ordinaire jusqu'à sa messe qu'il disait à huit heures.

Lorsque ses ministères ne l'appelaient pas au
dehors, il passait sa journée à prier, à travailler

dans sa cellule ou à entendre les confessions. Le samedi et les veilles de fêtes, il était assiégé par une foule de pénitents, et ces jours-là, c'étaient deux cents à deux cent cinquante personnes qu'il entendait.

Dans le cours de la journée, soupçonnait-il que des étrangers attendissent à l'église, sans oser demander un confesseur au frère portier ; il quittait doucement sa chambre, venait faire une visite au Saint Sacrement, et se dirigeant vers les inconnus, il semblait leur dire, — ne l'a-t-il pas souvent fait? — Avez-vous besoin d'un confesseur? Me voici. je suis tout à vous.

Cette disposition, où le zèle le disputait à la charité, était bien connue du frère portier et du frère sacristain. Leur demandait-on un confesseur, un Père pour donner la sainte communion à des heures indues, pour bénir croix, médailles, chapelets, scapulaires ? si le Père Laurent était à la maison, on n'avait pas longtemps à attendre. Un coup de clochette l'avertissait, et quelques instants après le signal d'appel, le bon vieillard apparaissait au parloir ou à l'église, le visage souriant et prêt à rendre tous les services désirés. Il remerciait même souvent les bons frères d'avoir pensé à lui dans ces circonstances. L'homme de Dieu était ravi d'épargner à ses confrères des dérangements qui pouvaient les troubler dans leurs études ; il était ravi surtout de pouvoir multiplier ainsi ses actes de zèle pour la gloire de Dieu et le salut des âmes.

Non content d'être enchaîné par les diverses règles de l'Institut de la Compagnie et par ces mille petits actes de sujétion que sa charité lui imposait, il semble que le bon Père ait voulu augmenter encore le nombre de ses liens sacrés. Il s'était imposé, en effet, certaines pratiques, dont la multiplicité nuirait peut-être à quelques âmes incapables de porter de telles entraves, mais dont l'esprit méthodique du Père savait s'accommoder. Il s'était tracé en particulier un petit règlement pour le bon emploi et la sanctification des premières heures du jour. Quiconque voudrait s'y assujettir, vivifierait puissamment ses moindres actes par la pureté d'intention, et multiplierait ses mérites, en multipliant les liens de sa volontaire dépendance [1].

Mais, hâtons-nous de le dire, cette vie disciplinée n'enlevait rien aux franches et cordiales allures du bon religieux. Si humble et si modeste qu'il fût dans sa démarche et sa tenue, si réservé qu'il se montrât dans les conversations, il évitait plus soigneusement encore cette austérité de forme et de langage, ou ce glacial silence dont la vie de famille et la charité

---

[1] Voir ce règlement à l'*Appendice* I.

ont horreur. Sa préoccupation était d'être serviable
à tout le monde, à ses supérieurs comme au dernier
de ses frères. Celui qu'au dehors les prêtres, les
religieux, les laïcs appelaient le *bon Père*, était aussi
le *bon Père* parmi nous ; son cœur naturellement
affectueux et compatissant ne savait pas faire des
provisions d'amabilité pour les personnes étran-
gères, quitte à s'échapper en brusqueries avec ceux
qui habitaient sous le même toit. « Jamais nous ne
l'avons entendu dire une parole qui pût blesser la
charité, » nous ont écrit ou nous ont dit de vive voix
plusieurs religieux qui ont vécu de longues années
avec lui ; et si lui-même fut quelquefois victime de
certains manquements d'égards, de certains procédés moins délicats, il put toujours se rendre témoignage qu'il ne contrista jamais volontairement un
seul de ses frères. On eût dit qu'il vivait dans je ne
sais quelle atmosphère de joie surnaturelle qu'il
communiquait autour de lui. Il apparaissait en communauté et parmi les gens du monde, avec ce cachet
d'affabilité propre aux vrais disciples du Divin
Maître ; son regard et son sourire francs comme son
cœur charmaient dès l'abord quiconque l'approchait, et je me suis souvent surpris à lui appliquer,
dans le secret de mon âme, ces textes de la Sainte
Écriture : « Voilà bien l'homme simple et loyal par
excellence ! » « Il est aimé de Dieu et des hommes ;
son souvenir sera en bénédiction ! » « *Vir simplex et*

rectus [1]. » « *Dilectus Deo et hominibus, cujus memoria in benedictione est* [2]. » D'autres que moi, je le sais, ont eu la même pensée, ont fait la même réflexion : et deux ans après sa mort, un homme du monde résumait tout ce que je viens de dire en ces deux mots : « *Le Père Laurent avait toutes les qualités qui gagnent les cœurs* [3] ! »

L'attraction qu'il exerçait ainsi sur les âmes fut sans aucun doute le fruit de son tendre amour pour Notre-Seigneur. Le *don de piété*, que j'estime lui avoir été largement départi, se manifestait dans tous ses actes ; et parce que son cœur débordait d'amour pour le Divin Maître, il était dominé par ce besoin qui tourmente les vrais amis du Sauveur, gagner les cœurs et les donner au Cœur de Dieu. L'amour de Jésus-Christ fut la passion du Père Laurent ; elle explique les merveilles de son zèle et les pieuses audaces dont nous avons parlé et que la sagesse humaine ne saura jamais comprendre.

Ce tendre amour du Père Laurent envers Notre-Seigneur brillait surtout à l'église et à l'autel. Lorsqu'il entrait dans le lieu saint, son attitude modeste et respectueuse frappait tous les regards. « Je l'ai vu plusieurs fois pleurer, écrit un témoin oculaire,

[1] Job, I, 1-8.
[2] Eccli, 45, 1.
[3] Lettre de M. Le D..., Nantes, 5 août 1872.

lorsqu'il était en adoration devant le tabernacle. »
Ces pleurs ne disaient-ils pas l'esprit de foi, de com-
ponction et d'amour dont il était pénétré en présence du Dieu caché sous les voiles Eucharistiques ?
Mais il était vraiment beau le saint vieillard, quand
il célébrait l'adorable sacrifice. La gravité de tous
ses mouvements, sa modestie virginale, l'expression
affectueuse de son visage, les larmes qui l'inon-
daient et tombaient sur l'autel, tout parlait, tout
édifiait et faisait passer aux cœurs des assistants
quelque chose de cette foi vive et de cette tendre
charité, dont le cœur de ce saint prêtre était pénétré.

Pour satisfaire sa propre dévotion, il avait obtenu
de dire la dernière messe. Il pouvait alors prolonger
un peu le saint sacrifice sans retarder ses confrères.
Il visitait tous les jours les vases sacrés renfermés
dans le tabernacle, pour s'assurer de l'état des
saintes espèces et purifier au besoin les ciboires.
Mais il voulait surtout revoir et contempler encore
Jésus-Christ dans le mystérieux abaissement où l'a
réduit son amour pour les enfants des hommes. Il
semblait ne pouvoir quitter l'autel.

Son bonheur était de prendre soin des vases
sacrés et de les purifier. Jusqu'à la fin de ses jours
il eut cette dévotion, et il s'en fit comme une fonction propre ; il ne la cédait à ses frères qu'à l'époque
de ses missions. Il s'était également chargé de laver
les linges sacrés qui servent à l'adorable sacrifice :
et il disait avec la candeur de sa tendre piété, qu'en

purifiant ces linges, il lui semblait laver et essuyer les pieds de notre Divin Sauveur. Excellent Père, il savait ainsi satisfaire sa foi et exercer la charité.

Parlant un jour de l'amour que nous devons à Notre-Seigneur, — sujet qu'il traitait fréquemment, — « *C'est toujours trop tard, s'écria-t-il, que l'on com-* « *mence à aimer ce Bon Maître ! Et moi aussi, hélas !* « *j'ai commencé tard à aimer Notre-Seigneur Jésus-* « *Christ, je me le rappelle bien : j'avais dix ans !* » Touchant aveu du saint vieillard, et, j'ose le dire, bel et magnifique éloge qu'il fait de lui-même ! Il n'en faudrait pas davantage pour nous faire accepter comme expression de la vérité ce témoignage d'un respectable prêtre qui l'a intimement connu à Nantes : « Je n'ai pas le moindre doute, écrit-il, sur « la constante pureté de vie du R. P. Laurent. « Ame virginale, s'il en fut jamais ! Oui, il a con- « servé son innocence et a dû paraître, au tribunal « de Dieu, encore, revêtu de sa robe virginale ! C'est « cette innocence de cœur, cette angélique pureté « qui m'expliquent l'extrême tendresse de cœur du « Père Laurent pour Dieu, pour tout ce qui lui rap- « pelait la pensée de Dieu, pour les pauvres « pécheurs, les petits, les délaissés, les malheureux. « Tendresse de cœur qui s'échappait parfois en « saillies pleines de candeur, et qui faisait dire en le « voyant et en l'entendant : « *Vraiment cet homme* « *semble n'avoir pas péché en Adam.* » Je laisse au vénérable prêtre la responsabilité de son témoi-

gnage. Dieu seul sans doute pourrait nous dire les
secrets de la vie du Père Laurent. Mais volontiers
j'admettrais qu'une âme si éprise de l'amour divin,
si tendrement dévouée et si miséricordieuse, n'a
jamais perdu la grâce de son baptème.

Un mystère qu'il ne pouvait comprendre, c'est
qu'un chrétien fût réduit à demander à Dieu le désir
de l'aimer. « Quoi, s'écriait-il avec une sorte d'indignation, quoi! vous oseriez faire cette prière : *Mon
Dieu, faites que je désire de vous aimer?* Est-ce donc
ainsi qu'un enfant témoigne son amour à sa bonne
mère? Désirer d'aimer sa mère! Est-ce possible?
Est-ce qu'on ne l'aime pas naturellement? » Pénétré
de cette divine charité, il brûlait d'un autre désir,
celui de prouver son affection par des œuvres, et,
comme il l'a avoué un jour, il répétait fréquemment
cette invocation que le Saint-Esprit lui avait apprise
dès son enfance : « *Mon Dieu, tirez pour vous de ma*
« *petite substance autant de gloire qu'il se peut*[1]! » Sa
vie était l'expression de cette prière. En communauté, dans ses courses apostoliques, dans tous ses
ministères, dans les prières publiques, dans les
cérémonies solennelles, dans son action de grâces
après la messe, dans ses conversations particulières comme dans ses discours sacrés, il apparaissait tout imprégné de cet esprit de piété filiale qui

---

[1] Témoignage de M. Le D..., 1872.

ne songe qu'à la glorification de Dieu par amour. C'était l'*Abba Pater* qu'il traduisait sans cesse par les élans de son âme et les dévouements de son apostolat. *Il ne voulait penser, il ne voulait parler, il ne voulait agir et souffrir que par amour pour Notre-Seigneur* [1]. S'entretenant un jour avec un de nos Pères en se promenant dans le jardin de la communauté, il s'arrêta tout à coup ; et, comme s'il eût été sous le coup d'une émotion qu'il ne pouvait comprimer : « *O cher Père*, lui dit-il avec un accent passionné, *oh ! combien j'aime le bon Dieu !* » L'amour de Dieu le dévorait.

Je ne reviendrai pas sur ce que j'ai dit plus haut, lorsque j'ai indiqué quelques-uns de ses sujets d'instruction aux associées de Notre-Dame-de-Bonne-Garde. Mais, s'il est vrai que la bouche parle de l'abondance du cœur, il faudra bien convenir que le Père Laurent avait le cœur brûlant d'amour pour Notre-Seigneur Jésus-Christ ! Un cœur froid ou indifférent ne connaît pas le langage saintement passionné, avec lequel le bon Père parlait de la très aimable humanité du Sauveur, de la divine Eucharistie, du Cœur adorable de Jésus.

[1] Voir son règlement, à l'*Appendice* : I, II.

CHAPITRE XXII

Dévotion du Père Laurent envers la sainte Vierge. — Montre oubliée. — *Eructavit cor meum verbum bonum*. — *Ecce Ancilla Domini*. — Dernière réunion des Associées de Notre-Dame de-Bonne-Garde. — Sa piété envers saint Joseph. — Envers les saints Anges. — Les âmes du Purgatoire.

La tendre affection que le Père Laurent avait pour le Divin Sauveur était inséparable de sa piété filiale envers Marie : Qui aime le Fils aime la Mère. Aussi dans ses missions, dans ses retraites, dans toutes les œuvres de son apostolat, manifestait-il sa tendre dévotion et s'efforçait-il de la faire naître et de la développer dans tous les cœurs. De là ces autels, ces trônes magnifiques qu'il élevait dans les églises pour attirer les populations et les consacrer à cette divine Mère ; de là surtout ce zèle à célébrer les vertus, à proclamer le pouvoir de cette auguste Reine. En un mot il se faisait un devoir d'établir partout le culte de Notre-Dame. Il le regardait comme l'âme et le soutien de la piété chrétienne et comme un gage non équivoque de prédestination au Ciel. S'il cherchait à exciter la confiance des fidèles en la puissante intercession de cette bonne

Mère, il aimait lui aussi à se reposer près de ses autels; c'est aux pieds de Marie qu'il venait prendre courage et, au besoin, demander consolation.

« Un jour d'immense travail, pendant une retraite donnée à Pont-Château, le Père épuisé quitta la chapelle à dix heures du soir pour se rendre à sa chambre. On s'aperçut qu'il avait laissé sa montre sur le piédestal de la sainte Vierge. Croyant bien faire, on prend cette montre et on s'empresse d'aller la porter au bon Père qui se trouvait déjà sur les degrés de l'escalier. « Mon Père, lui dit-on, vous avez sans doute oublié votre montre? La voici; et on la lui présentait. — Non, dit-il, en se retournant le plus gracieusement du monde, non, je ne l'ai pas oubliée; c'est avec intention que je l'ai laissée, pour m'obliger à revenir prier encore [1]. »

Comme tous les membres de la Compagnie de Jésus, il avait en grande estime le saint Rosaire et chaque jour il récitait au moins un chapelet. Il recommandait cette pratique aux associées de Notre-Dame-de-Bonne-Garde, et, selon lui, rien ne devait les empêcher de remplir ce devoir de piété filiale envers la divine Mère. « Mes enfants, leur disait-il, si vous n'avez pas le temps de dire votre chapelet à la maison, à cause de votre travail, dites-le dans les rues, marchant modestement et surveil-

[1] Lettre d'une Supérieure des Dames de la Retraite (1871-1872).

lant vos yeux. Trop souvent vous êtes exposées à rencontrer aux étalages des magasins des objets capables de blesser les regards d'une enfant de Marie. Dites votre chapelet les yeux doucement baissés ; ainsi vous plairez à la sainte Vierge, ainsi vous vous montrerez dignes de sa Congrégation ; » et le bon Père ajoutait avec sa candeur ordinaire : « *Je fais toujours ainsi, je dis mon chapelet dans les rues.* »

S'il insistait sur la dévotion du Rosaire, il ne recommandait pas avec moins de zèle la dévotion du *Scapulaire* ; et, quand il parlait du *Scapulaire bleu*, il engageait fortement à ne pas se priver des innombrables indulgences que l'on peut gagner par la récitation des *six Pater*, des *six Ave* et des *six Gloria Patri*. « Mes enfants, vous pouvez de cette manière venir si facilement au secours des âmes du Purgatoire ! Ah ! ne négligez pas cette récitation ! Soulagez ces pauvres âmes ! » Et, avec sa simplicité habituelle, il ajoutait : « *Moi, mes enfants, je n'oublie jamais ces âmes dans mes prières* [1]. »

Lorsqu'aux fêtes de l'Association de Notre-Dame-de-Bonne-Garde il faisait renouveler l'acte de consécration à Marie, il ne manquait jamais de demander à son auditoire quelle était sa foi touchant les privilèges de cette divine Mère. « Croyez-vous, mes

---

[1] Voir à l'*Appendice*, ses prières pour les âmes du Purgatoire, III.

enfants, que Marie a été conçue sans péché? — Croyez-vous qu'elle est la Mère de Dieu? — L'aimez-vous cette bonne Mère? Voulez-vous lui appartenir pour toujours, et lui être toujours fidèles? »

Et alors se laissant entraîner à sa piété filiale : « *Eructavit cor meum verbum bonum, dico ego opera mea Regi* : Mon cœur, s'écriait-il, a besoin de proférer une bonne parole : c'est à mon Jésus que je consacre toutes mes œuvres ; c'est aussi à Marie, notre Reine et notre Mère, que je veux vous consacrer. » Les associées ont fait cette remarque qu'à presque toutes les fêtes de Notre-Dame, le Père laissait échapper ce cri d'amour emprunté au Roi-Prophète. Il leur disait qu'il ne pouvait s'empêcher de répéter ce chant du psalmiste, qu'il lui faisait beaucoup de bien et qu'il voulait leur en faire à elles-mêmes, en le méditant avec elles. Alors avec une sorte d'exaltation, il célébrait les grandeurs de Marie ; il chantait pour ainsi dire la puissance et l'amour de cette divine Mère, Reine des anges et des hommes, patronne de ses associations. Il recommandait à ses chères filles la pratique des vertus enseignées par le mystère ou la fête du jour. Il leur rappelait combien elles devaient être heureuses de leur titre d'Enfants de Marie, avec quelle fidélité elles devaient profiter des indulgences attachées à leurs réunions, à leurs médailles ; et revenant avec insistance sur leur vocation :

« Mes chères enfants, leur répétait-il, n'oubliez pas

« vos devoirs d'état : voilà le capital. Marie vous
« les rappelle ; regardez votre médaille, votre pro-
« fession y est gravée : vous y lisez : « *Ecce ancilla*
« *Domini,* » c'est-à-dire : « *Je suis la servante du Sei-*
« *gneur.* » Servez donc le bon Dieu comme l'a fait la
« sainte Vierge, et servez vos maîtres, vos maî-
« tresses pour Dieu ! »

On se souvient encore de la dernière réunion de
Notre-Dame-de-Bonne-Garde présidée par le Père
Laurent. On eût dit qu'il avait quelque pressenti-
ment de sa fin prochaine. La fête solennelle se ter-
minait, le jour était à son déclin. Le bon vieillard,
se tournant vers l'image de Marie, ne pouvait cesser
de redire à cette tendre Mère qu'il lui confiait les
enfants réunies sous sa bannière : « Notre-Dame-de-
Bonne-Garde, s'écriait-il, gardez-les ces enfants,
gardez-les maintenant, gardez-les toujours ! » et,
empruntant les invocations des litanies de l'Association, il répétait avec un accent de tendresse
inaccoutumé : « Comme la prunelle de vos yeux,
gardez-les, ô Marie ! — Comme la bergère garde son
troupeau, gardez-les, ô Marie ! — Comme une bonne
mère garde ses enfants, gardez-les, ô Marie ! — Des
dangers de l'âge et de leur condition, gardez-les, ô
Marie ! »

C'est avec cet élan de piété filiale que le bon Père
invoquait Notre-Dame pour lui et pour l'Association
qui lui était confiée. Non content de consacrer

solennellement au cœur de cette auguste Mère toutes ses chères filles, il leur recommandait ensuite de renouveler chaque jour en leur particulier cette consécration : « *Pour moi*, ajoutait-il, *je n'y manque jamais !* »

Le Père Laurent se serait bien gardé de vouloir imposer aux autres sa manière de voir, dans les questions de beaux-arts, de sciences et de littérature. Moins encore se serait-il permis d'exercer sa critique sur les objets du culte catholique : reliquaires, images, statues, pieux emblèmes, approuvés par l'Église comme auxiliaires de la saine dévotion. Il trouvait bien tout ce que l'Église admet et encourage : rien de plus raisonnable, rien de plus chrétien ; et c'est ce que saint Ignace recommande à tous les vrais fidèles, au livre des *Exercices spirituels*. Le bon Père cependant ne craignait pas de manifester de légitimes préférences ; et plus d'une fois les associées de Notre-Dame-de-Bonne-Garde furent singulièrement frappées d'un désir qu'il aimait à leur exprimer. Il s'agit des images et statues de la sainte Vierge. Insistant sur les avantages du culte extérieur qu'il faut rendre à Marie, il les encourageait vivement à honorer toutes les statues, toutes les images de Notre-Dame. « Oui, disait-il, vénérez les images de Marie ; ayez, je le veux bien, une image, une statue de Marie Immaculée ! Oh ! oui, j'aime bien Marie Immaculée ; mais j'aime par-dessus tout la Vierge-Mère ; j'aime

Marie tenant l'Enfant Jésus dans ses bras. Ayez donc de préférence l'image ou la statue de Marie Vierge-Mère ! Du même coup vous honorerez et Jésus et Marie. » Combien d'autres serviteurs de Dieu ont eu cette préférence ! L'Enfant Jésus entre les bras de Marie explique tous les privilèges accordés à sa Divine Mère.

C'est dans cette pensée sans doute que le bon Père avait inscrit sur son carnet ce distique dont il ne nomme pas l'auteur :

« *Salveto, speciosa, tuo cum pignore, Mater !*
  Quo sine, nec Mater, nec speciosa fores ! »

« Salut, ô toute belle, ô Mère portant votre divin Fils dans vos bras ! sans Lui vous ne seriez ni la Vierge Immaculée, ni la Vierge-Mère ! »

Au culte filial qu'il rendait à Notre-Dame, il savait associer celui que la Sainte Église rend au Bienheureux et virginal époux de Marie, à saint Joseph. Non content de le vénérer et de l'invoquer en son particulier, il saisissait toutes les occasions que lui donnait la Providence pour le faire glorifier dans les communautés religieuses, dans les paroisses et les confréries, au milieu desquelles sa vocation l'envoyait exercer son apostolat. J'ai trouvé dans ses papiers une consécration à saint Joseph évi-

demment composée par lui. Il prend ce saint
patriarche pour son protecteur et son père, et lui
promet de l'honorer, de l'aimer et de l'invoquer
tous les jours de sa vie. Écrite, avec quelques
ratures et corrections, et signée par lui, le 3 mai
1868, elle est écrite de nouveau et signée, le 18 avril
1869, en la fête du Patronage de saint Joseph, un
peu plus d'un an avant sa mort [1].

Sa dévotion envers les saints Anges se faisait
remarquer par l'esprit de foi et l'onction avec lesquels il en parlait dans ses catéchismes et ses exhortations. Il avait placé sous leur protection spéciale
la section des plus jeunes ouvrières faisant partie
de l'Association générale de Notre-Dame-de-Bonne-
Garde. Cette classe de jeunes filles est connue sous
le nom des *Saints Anges* [2].

Sa piété envers son Ange Gardien était vraiment
touchante. Il lui rendait fréquemment hommage, et
une de ses saintes pratiques était de *céder le pas à
son bon Ange*, lorsqu'il entrait dans un appartement.
On a pu constater mainte fois cette délicate et pieuse
attention du bon Père. Arrivé au seuil d'une maison, d'une chambre, il faisait une légère pause avant
de le franchir. C'était le moment où *il saluait son
Ange Gardien et le faisait passer devant lui*. Était-ce

[1] Voir à l'*Appendice*, IV.
[2] Voir *Manuel de Notre-Dame-de-Bonne-Garde*.

pour le Père Laurent une manière de pratiquer
l'avis du Seigneur : « Voici que j'enverrai mon
Ange pour te précéder, te garder dans ton chemin
et t'introduire au lieu que je t'ai préparé : honore-le
et écoute sa voix [1] ? » Ce ne sera pas du moins une
témérité de répondre, que Dieu confia cet excellent
Père à la garde spéciale des saints Anges, et que
ces bienheureux Esprits l'ont protégé dans toutes
ses voies, l'ont soutenu au milieu de toutes ses
épreuves et fait réussir dans ses œuvres [2].

[1] « *Ecce ego mittam Angelum meum qui præcedat te
et custodiat in via et introducat in locum quem paravi.
Observa eum et audi vocem ejus.* » (Exod., 23.)

[2] « *Angelis suis mandavit de te, ut custodiant te in
omnibus viis tuis.* » (Ps. 90.)

CHAPITRE XXIII

Amour du Père Laurent pour sa vocation. — Sa dévotion envers saint Ignace, fondateur de la Compagnie de Jésus. — Envers les bienheureux Claver et Rodriguez. — La ceinture du bienheureux Alphonse Rodriguez. — La médaille de saint Benoît.

Enfant de la Compagnie de Jésus, et, comme nous l'avons vu, ayant obtenu cette grâce contre toute espérance, le Père Laurent estimait au-dessus de tout la fidélité à sa vocation. Il avait pour la Compagnie une affection sans bornes. Il l'appelait sa *très chère mère*, et pour elle il offrait à Dieu toutes ses actions, toutes ses peines de la journée; pour elle, il récitait telle dizaine de son chapelet, pour elle il priait, spécialement le vendredi, le Sacré-Cœur de Jésus; et chaque matin, après son lever, lorsqu'il sortait de sa cellule, il disait cette touchante invocation : « *O bone Jesu, ne me unquàm permittas separari à te et à tua sancta Societate !* » O bon Jésus, ne permettez pas que je sois jamais séparé de vous et de votre sainte Compagnie [1] !

[1] Voir règlement à l'*Appendice*, I.

Naturellement expansif, il ne faisait pas mystère de son amour filial et de sa tendre reconnaissance envers la Compagnie. Il en parlait volontiers, surtout devant les associées de Notre-Dame-de-Bonne-Garde, et souvent il leur demandait le secours de leurs prières pour obtenir le don de la persévérance. « Si je ne meurs pas dans la Compagnie de Jésus, « leur disait-il aimablement, je dirai que c'est par « votre faute, parce que vous n'aurez pas assez prié « pour que Dieu m'accorde cette grâce. »

Il comprenait si bien le prix de la persévérance dans la vocation religieuse et le malheur de ceux qui retournent en arrière, qu'il s'appliquait avec un zèle tout particulier à soutenir les âmes éprouvées et tentées contre leur vocation [1]. Apprenait-il une infidélité, une désertion ? il ne pouvait dissimuler la tristesse qu'il en éprouvait ; et plus d'une fois on l'a vu verser des larmes sur le malheur de quelques Pères ou Frères sortis de la Compagnie de Jésus.

Il était cordialement attaché, nul n'en doute, au diocèse et à la ville de Nantes ; c'était le centre et le berceau de toutes ses œuvres et de son apostolat ; il était plus tendrement et plus virilement affectionné à la Compagnie ; par là-même, il était toujours prêt à partir au moindre signal de la volonté de ses supé-

---

[1] Voir page 107.

rieurs. Nous l'avons vu s'offrir à la meurtrière mission de Cayenne ; jusqu'à la fin de sa vie il conserva son âme dans cette disposition. Il savait d'ailleurs que le jésuite n'est plus un légitime enfant de saint Ignace, qu'il s'expose même à la perte de sa vocation, lorsque, par amour-propre, faux zèle, illusion quelconque, il veut s'immobiliser dans une ville ou dans un emploi, ou imposer à ses supérieurs les caprices de sa volonté.

Aimer la Compagnie et aimer son Fondateur c'est tout un. Le Père Laurent avait donc une tendre dévotion envers notre Bienheureux Père saint Ignace. Un des caractères de son culte filial pour notre saint patriarche était de le faire invoquer, en propageant l'eau bénite au contact des reliques ou de la médaille de ce puissant protecteur. « Le Père Laurent, nous écrit-on, a opéré, par le moyen de l'eau bénite de saint Ignace, beaucoup de guérisons ; et l'efficacité de cette eau était d'autant plus sensible et merveilleuse, que le bon Père priait lui-même avec ceux qui sollicitaient la protection de notre saint Fondateur. »

Est-ce à dire que le Père Laurent ait fait des miracles ? nous nous contentons de reproduire les paroles de témoins que nous croyons sincères et bien renseignés. Nous ne voulons rien dire de plus.

La plupart de nos lecteurs savent que les Bienheureux Pierre Claver et Alphonse Rodriguez [1] sont invoqués avec grande confiance par les femmes, aux heures toujours périlleuses où elles doivent être mères. Dans ces circonstances elles sont heureuses de porter sur elles les reliques de ces saints protecteurs. Mais, on le comprend, dans une grande ville il est impossible d'avoir un nombre suffisant de reliquaires pour répondre à toutes les demandes. Le Père Laurent se sentit inspiré de faire quelque chose, pour que personne ne fût privé de la protection du Bienheureux Alphonse, dont l'intercession est plus particulièrement invoquée à Nantes. A défaut de reliques, il donnait une ceinture en laine de couleur violette, dite *ceinture du Bienheureux Alphonse*; il la bénissait en récitant l'oraison du Bienheureux, et cette ceinture attirait les divines bénédictions sur celles qui la portaient. Le Père en recommandait l'usage et en emportait un grand nombre lorsqu'il allait donner des missions. Le frère portier de la Résidence de Nantes en a distribué à lui seul plus de cinq cents dans le cours de l'année 1868.

Un témoin, dont la sincérité ne peut être mise en doute, écrit que le Père Laurent, avait aussi une

---

[1] Ces deux Bienheureux ont été canonisés par Léon XIII le 15 janvier 1888, avec le Bienheureux Jean Berchmans, tous trois de la Compagnie de Jésus, et avec les sept fondateurs de l'Ordre des Servites.

grande dévotion à saint Benoît et qu'il distribuait
volontiers la célèbre médaille de cet illustre Patriarche. « Combien de fois, ajoute-t-il, ces médailles ont valu des grâces spirituelles et même
temporelles aux personnes qui les recevaient de la
main du bon Père ! »

CHAPITRE XXIV

Dieu aime à se communiquer d'une manière spéciale aux âmes simples et pures ; souvent il le fait dans des proportions vraiment admirables. Je me garderai bien d'affirmer que le Père Laurent fût de ces privilégiés ; cependant, sur la foi de personnes dont je respecte le témoignage, je rapporterai quelques faits que le lecteur appréciera, mais qui m'ont paru dignes d'échapper à l'oubli.

Voici ce que m'écrivait, il y a quelques mois, un religieux dont la reconnaissance envers le Père Laurent est sans bornes :

« J'avais treize ans ; un jour, je faisais mon chemin de la croix dans la chapelle des Pères Jésuites de Nantes. J'étais arrivé à la huitième station : *Jésus console les femmes de Jérusalem*. J'étais à genoux, en face du confessionnal du Révérend Père Laurent.

« Le Révérend Père, se rendant à son confessionnal où il était appelé, me remarqua. Il s'approcha de moi, et d'un air plein de bonté, avec un geste paternel et caressant, il sembla me féliciter de ma dévotion. Enhardi, je m'adressai alors au bon Père, auquel je n'avais jamais parlé, et sans autre préambule je lui dis aussitôt : « *Mon Père, priez pour moi :* « *je veux être prêtre et religieux.* » A l'instant même le saint religieux se redressa, et étendant sa main sur ma tête : « *Je vous déclare, mon enfant,* me dit-il « avec un accent solennel, semblable à celui d'un « *prophète (sic), je vous déclare, au nom de Dieu, que* « *vous réussirez dans votre double vocation : vous serez* « *prêtre et religieux.* » Cela dit, il me donna un petit souvenir, une image de saint François-Xavier. Rentré à la maison, j'écrivis sur l'image les paroles du Père avec la date de cette mystérieuse rencontre. C'était un vendredi, 25 août 1865. Ma mère, qui vit encore, se souvient parfaitement de ces petits détails que je lui racontai le jour même.

« L'image ne m'a jamais quitté et les paroles de ce nouveau prophète m'ont toujours soutenu dans les épreuves de ma vocation. J'ai revêtu le saint habit en 1872, et j'ai été ordonné prêtre en 1878. La parole prophétique du Père Laurent s'est donc complètement réalisée !... » Cette lettre est datée du mois de décembre 1887.

Un jour de communion générale pour les associées du Catéchisme de Persévérance à Saint-Similien, le

Père Laurent avait fait, selon son habitude, une courte allocution avant de distribuer la sainte Hostie. « C'est à ce moment, écrit une personne qui « paraît bien informée, que le Père recevait ordi-« nairement une lumière particulière pour pénétrer « l'intérieur et scruter l'âme de ses enfants. » Or, ce jour-là, il éprouva une émotion très pénible au moment où il donna la communion à une jeune fille de quatorze ans. La cérémonie terminée, le bon Père mande à l'écart cette enfant et avec elle une directrice; puis s'adressant à cette dernière : « Ma fille, lui dit-il d'un air inquiet et scrutateur, connaissez-vous cette petite ? Est-ce une bonne petite enfant ? — Oui, mon Père ; c'est la jeune X... — En êtes-vous contente ? — Mais, oui, mon bon Père. » Le Père, fixant de nouveau la pauvre enfant : « *Allons*, dit-il d'un ton moins soucieux, *je me suis donc trompé !* » Et faisant le signe de la croix sur le front de la jeune fille, comme pour la bénir : « *Allez, mon enfant !* » se contenta-t-il d'ajouter.

Dans la journée, cette malheureuse ne pouvant plus résister au cri de sa conscience, demanda à sa maîtresse d'apprentissage la permission d'aller à confesse. « Mais y pensez-vous ! reprit celle-ci étonnée ; vous avez communié ce matin, et vous voulez ce soir vous confesser? » La pauvre enfant, poussée à bout, ne put s'empêcher de répondre : « Hélas! ce matin j'ai fait un sacrilège! J'ai caché hier un péché

dans ma confession... et je crois bien que le Père
Laurent s'en est aperçu. »

Cette vue qu'il semblait avoir de l'intérieur des
âmes lui faisait dire fort à propos, soit en particulier, soit en public, certaines paroles qui atteignaient
directement ces âmes. Beaucoup ont avoué qu'elles
devaient leur vocation religieuse à la lumière que
telle réflexion du Père Laurent avait fait briller à
leurs yeux, à l'onction que telle autre avait répandue
dans leur cœur.

Une associée du Catéchisme de Persévérance,
gravement malade, avait reçu les derniers sacrements. Elle avait perdu l'usage de l'ouïe dès l'instant
où l'infirmité l'avait visitée. Le Père Laurent vint
un jour, en compagnie d'un autre religieux, demander de ses nouvelles. Au moment où il entrait, la
pauvre fille paraissait toucher à sa fin. Une dizaine
de personnes, estimant peine perdue de lui parler,
se contentaient de réciter près de son lit les prières
des agonisants. Cependant le Père s'approche de la
mourante : « *Joséphine, Joséphine, Joséphine !* » lui
dit-il à trois fois différentes, en l'appelant par son
nom de baptême. La malade ne donne aucun signe
de connaissance, elle n'a rien entendu. Le Père allait
se retirer ; mais, avant de le faire, il veut bénir la
pauvre agonisante. A peine a-t-il levé la main sur
sa tête et prononcé les paroles de la bénédiction,

qu'elle se tourne vivement vers le Père et donne signe de connaissance. Bien plus, elle peut entendre l'exhortation du Père et profiter de son ministère sacré. A partir de cet instant jusqu'à sa mort, Joséphine conserva l'usage de l'ouïe. Le Père Laurent en pleura de joie. Il reconnut que le démon, voulant perdre cette chère malade, l'empêchait d'entendre et la jetait dans les crises horribles qui épouvantaient les spectateurs. Dès lors il renouvela ses visites, et il lui suffisait de prononcer un mot, pour calmer toute agitation et rendre la paix à cette bonne fille. Elle mourut quelque temps après, de la mort des prédestinés.

Le Père savait inspirer une telle confiance dans la protection de la sainte Vierge, qu'à diverses reprises on lui attribua des guérisons extraordinaires. « *Une grâce spéciale*, disait-il surtout aux jours de réception d'Enfants de Marie, *est attachée à vos rubans, à vos médailles ; sachez-le bien, mes chères filles. Envoyez-les donc à vos parents malades. Ces saints objets bénis pourront leur être très utiles pour la guérison de l'âme et même du corps.* » Cette recommandation ne fut pas vaine, plusieurs fois on l'a constaté. En voici un exemple : Une associée avait un oncle abandonné des médecins. Elle lui envoya comme souverain remède sa décoration d'Enfant de Marie. Le pauvre malade la porta avec foi, et, grâce à

Notre-Dame-de-Bonne-Garde, il retrouva la santé dont avait désespéré la science humaine.

Nous avons précédemment raconté plusieurs faits analogues en parlant des bienfaits de l'Association de Notre-Dame-de-Bonne-Garde. Celui que nous venons de citer est surtout pour montrer l'action du Père Laurent, entretenant, fortifiant la confiance et d'avance révélant, pour ainsi dire, la merveilleuse intervention de Dieu.

CHAPITRE XXV

La carrière du Père Laurent fut trop longue, ses
ministères apostoliques furent trop multipliés et
couronnés d'ordinaire de trop de succès, pour que
son zèle pût échapper à la contradiction. L'absence
de la croix dans une telle vie tiendrait du prodige :
un des signes les plus caractéristiques de l'apostolat
chrétien y manquerait.

Un témoin des plus fidèles et en même temps fort
admirateur du Père Laurent a écrit : « Nous avons
« vu le bon Père éprouver bien des désagréments,
« recevoir bien des affronts, entendre bien des pa-
« roles dures et mortifiantes. Mais toujours dans
« son humilité il recevait tout cela pour l'amour de
« Dieu et le salut des âmes. »

Quelques confrères ont pu donner je ne sais quel
vernis de naïveté et d'extrême simplicité à certains
agissements de l'homme de Dieu : il n'a pas été

sans apprendre que de gais et habiles plaisants dramatisaient plus ou moins comiquement tels faits et gestes de son apostolat. Il avait de bons yeux ; et plus d'une fois, pendant son apostolat de trente-sept ans, il a pu voir, du haut de la chaire sacrée, certains personnages dont le sourire et les regards témoignaient une médiocre estime pour sa parole. C'était peu flatteur, et assurément ces signes équivoques manquaient de dignité et de sympathie. Eût-il été faible dans quelques instructions, — et nous n'avons aucune peine à en convenir, — l'excellent Père était en droit de se demander si les juges les plus sévères sont bien les plus compétents ! En tout cas, ces petits coups d'épingle, pour une nature sensible comme la sienne, ne manquaient pas de faire blessure. Je sais que telle observation juste, je n'en doute pas, puisqu'elle venait d'un supérieur, lui fut tellement pénible que le bon vieillard en versa des larmes devant ses frères, témoins de l'admonestation. Je sais que, vingt-cinq ans après avoir été l'objet d'une plaisanterie amère, le pauvre Père avait encore de la peine à s'expliquer le peu de courtoisie, avec laquelle on lui avait décoché ce prétendu bon mot ; mais tout cela n'est rien, comparé aux obstacles, aux difficultés de différente nature qu'il rencontra dans l'exercice de son long apostolat.

J'ai parlé du *Catéchisme de Persévérance*, qu'il fonda dans l'église de Saint-Similien, à Nantes, et des consolations que lui donna cette belle œuvre, ainsi qu'au vénérable curé de la paroisse. Faudrait-il rappeler qu'au bout de quelques années ce Catéchisme fut pour le bon Père une source de tribulations? Contrarié dans son zèle, nous l'avons dit plus haut, il dut enfin quitter ce centre d'action que la Providence lui avait choisi, que M. Malenfant lui avait gracieusement offert et où la bénédiction divine avait été si abondante. Sans doute l'élite de ce Catéchisme se rallia à l'Association de Notre-Dame-de-Bonne-Garde et continua à jouir de la sainte et paternelle direction du bon Père. Il faut cependant convenir, que cette sorte d'exil imposé à son Catéchisme de Persévérance fut une de ses grandes douleurs; douleur d'autant plus sensible, qu'il put constater l'inanité des œuvres établies à la place de la sienne.

Je laisse de côté les grossières insultes qu'il entendit proférer plusieurs fois contre lui et contre ses Associations, lorsque dans les cérémonies publiques, les processions par exemple, il apparaissait au milieu des nombreuses filles de Notre-Dame-de-Bonne-Garde. Ces brutalités ne pouvaient l'atteindre. D'autres indélicatesses durent l'émouvoir plus péniblement.

Si tendrement aimé, si respecté que fût le bon Père, lorsqu'il gouvernait ses Associations, il ne fut pas toujours écouté, comme il avait le droit de s'y attendre. Disons-le sans malice, il avait affaire à des têtes de filles et de filles bretonnes pour la plupart ; quel miracle, si dans pareil milieu il n'eût jamais trouvé d'entêtement ou de susceptibilités ! Combien de fois dut-il reculer devant de petites exigences ou devant des refus ! Celle-ci voulait paraître en telle ou telle circonstance, dans telle cérémonie ; celle-là, au contraire, refusait telle charge, tel emploi ; cette autre ne se donnait pas la peine de dissimuler le sentiment de jalousie qu'elle avait au fond du cœur, et parfois le traduisait devant le Père par d'impertinentes paroles...

Un jour, au sortir d'une réunion où il avait fait aux associées une représentation commandée par les circonstances et que la gloire de Dieu exigeait, quelques récalcitrantes eurent l'audace de répondre *« qu'elles n'obéiraient pas, qu'il n'avait pas besoin d'insister »*. Le Père, à ce procédé inqualifiable, faillit se trouver mal. On court chercher un cordial, on le lui offre. « *Non, non*, dit-il d'une voix désolée ; *ah ! mes enfants, je ne désire que vos âmes.* »

« Combien de fois, m'écrit un religieux, je l'ai vu « pleurer et oublier les injures ! mais jamais je ne « l'ai entendu dire un mot qui blessât la charité. »

Un jour, au sortir d'une réunion d'hommes auxquels le Père avait adressé la parole, — il s'agissait, je crois, d'une conférence de saint Vincent de Paul, — quelques-uns de ces Messieurs lui parlaient des consolations que lui donnait l'Œuvre de Notre-Dame-de-Bonne-Garde : « Ah! sans doute, mes chers Messieurs, sans doute, il y a des consolations, répondit le Père ; mais croyez bien que tout n'est pas si commode à mener !... Et bien heureux ceux qui peuvent avoir à diriger des OEuvres d'hommes !... » Que de choses sous-entendues dans cette réponse !

Cet aveu des difficultés, que le Père rencontra dans ses ministères, n'est pas fait pour dissimuler les côtés faibles de son impressionnable tempérament. Une biographie, pour être édifiante, n'a pas besoin de tromper le lecteur. Je tiens au contraire à faire remarquer qu'il y a des ombres dans le tableau.

Le Père Laurent, nous l'avons vu, était un homme d'ordre, il avait une sorte de culte pour la propreté. Si doux qu'il fût par vertu acquise ou vertu infuse, il avait cependant une certaine impétuosité de caractère qui, jointe à son impressionnabilité, devait l'exposer à plus d'une saillie, à plus d'une vivacité regrettables. Avouons-le, il en fut quelquefois ainsi. Manquait-on dans certaines réunions, dans certaines cérémonies, à l'heure réglementaire, à telle ou telle rubrique, — rubrique peut-être un peu de sa façon, — un mouvement, un mot qui sentait l'impatience échappait trop facilement au Père ; il écartait brusquement celle-ci, il imposait d'autorité le brancard sur l'épaule de celle-là : c'était l'ordre, c'était la convenance du culte, croyait-il, qui exigeait ces procédés et cette promptitude ; mais, nous ont dit quelques témoins oculaires, cette impétuo-

sité du Père ne laissait pas que de froisser ces
bonnes filles de Notre-Dame-de-Bonne-Garde. Le
Père avait sans doute les meilleures intentions du
monde : c'était par amour pour la beauté des cérémonies qu'il éliminait un peu durement certaines
associées, « elles n'y auraient pas fait bonne figure, »
et qu'il mettait aux premiers rangs celles plus
dignes, à ses yeux, de cet honneur. — Fort bien !
mais dans la manière d'agir et quelquefois dans sa
parole et son geste, la vivacité, la brusquerie
n'étaient que trop sensibles : l'homme, ou l'humain,
si on veut, semblait faire ombre aux qualités maîtresses de ce grand et généreux cœur !

Le Père Laurent fut jusqu'à sa mort d'une exquise
propreté. Peut-être laissa-t-il paraître sous ce rapport quelques petites faiblesses ? N'aurait-il point mis
un peu de recherche dans sa chaussure et ses vêtements ? Quelques-uns ont cru découvrir cette imper-
fection dans la vie du bon Père. Pour moi, j'ai vécu
avec lui, je l'ai rencontré de temps en temps dans
mes courses apostoliques : jamais je n'ai soupçonné
qu'il fût le moins du monde esclave de ces puéri-
lités. Bien plus, deux graves religieux qui ont passé
de longues années avec lui et auxquels le saint vieillard semble avoir, dans d'intimes épanchements,
révélé sa belle âme, m'ont assuré qu'ils n'ont jamais
trouvé de prêtre plus dégagé de toute pensée d'amour-
propre et menant une vie plus surnaturelle.

Il avait bien peut-être le tort d'insister trop souvent sur l'ordre et la propreté. Un léger duvet sur la soutane d'un Père, voire même sur le mantelet ou le fichu d'une associée, était pour lui un exercice de patience, et quelquefois la cause d'un acte de charité peu méritoire. Volontiers, en effet, il se donnait la mission de retirer ce duvet, de souffler sur cette poussière qui blessait son regard et déshonorait votre vêtement. Un jour même il se permit une petite malice à l'endroit d'un de ses confrères dans le sacerdoce. Quelques-unes de ses filles spirituelles parlaient avec éloge de ce bon prêtre et répétaient devant le Père Laurent : « Oh! quel saint prêtre « que ce bon Monsieur N...! — Oui, mes enfants, « reprit le Père, oui certes, c'est un saint prêtre ; « mais que n'est-il un peu plus propre? » Le Père avait dit vrai ; mais n'eût-il pas mieux fait de retenir sa langue ? En tout cas, la malice paraît bien innocente et certainement elle ne scandalisa personne.

Que si la fragilité humaine s'est montrée plus d'une fois dans le Père Laurent, et sous les aspects que je viens de rappeler, il faut convenir qu'en somme ces défaillances sont bien légères, et j'ai hâte d'ajouter qu'elles étaient vite réparées. C'est le témoignage que rendaient devant moi, naguère encore, plusieurs des anciennes associées qui l'ont connu pendant une trentaine d'années ; c'est ce que je trouve également consigné dans bon nombre de lettres écrites peu de temps après la mort du Père.

Toutes s'accordent à dire que « si le Père s'était
oublié, en adressant un reproche trop vif, en brus-
quant par ses manières ou sa précipitation, il en
demandait presque aussitôt pardon. Servantes et
ouvrières, si modeste que fût leur condition, il les
priait humblement de ne plus penser à sa mala-
dresse, à son impatience, à ce geste, à cette parole qui
avait pu les froisser. » Plus d'une fois même les Zélatrices ont dû l'empêcher de faire des excuses, qu'elles
regardaient comme exagérées ou nuisibles à son
autorité de Directeur. Désolé d'avoir causé de la
peine à quelques-unes de ces filles de service, il n'a
pas craint plusieurs fois d'aller les trouver chez
leurs maîtres ou maîtresses, et de leur demander
pardon. Un jour que poussé à bout par je ne sais
quelle difficulté, il avait pris un ton un peu haut, et
que, par son attitude, il se montrait voisin de l'impatience : « Tenez, ma fille, dit-il en reprenant son
« calme et son air habituellement souriant, tenez,
« ma fille, il faut m'excuser!... Vous savez bien
« que je suis né dans la Champagne... mais vous
« savez aussi que le vin de Champagne mousse!...
« Eh bien! voyez-vous, je me ressens du pays natal.
« *Ça mousse, ça mousse!* » Peut-on plus délicieuse-
ment avouer son tort?

Une autre fois, parlant aux associées des défauts
contre lesquels tout le monde doit se mettre en
garde : « Mes chères filles, leur dit-il, chacun a ses
« misères ; il faut donc s'efforcer de les faire dispa-

« raître. Pour moi, hélas! je connais bien mes
« défauts. Priez, afin que j'en triomphe! »

Un prêtre, un religieux d'une telle droiture, qui
convient si bonnement de ses imperfections et s'ef-
force de les faire disparaître, ne peut manquer
de gagner les sympathies et l'estime des hommes ;
il doit être tout-puissant sur le cœur de Dieu [1].

[1] A la fin d'une sorte de méditation écrite par le Père
Laurent sur la *douceur*, je lis ces paroles : « *Discite a
me quia mitis sum et humilis corde.* C'est là la vertu
à laquelle je veux m'appliquer pour faire plaisir à mon
Divin Sauveur. »

CHAPITRE XXVI

Le Père Laurent reconnaissant. — Homélie sur les dix
lépreux. — Son attitude devant Monseigneur l'Évêque. —
Sa reconnaissance envers le curé de Saint-Similien et de
son serviteur Jean-Marie. — Prier pour les bienfaiteurs.

Je n'aurais pas suffisamment fait connaître le
Père Laurent, si je ne parlais des sentiments de
reconnaissance dont son cœur était pénétré. Cette
vertu est le propre des âmes humbles, aimantes et
prodigues d'elles-mêmes. Elle a dû par conséquent
briller dans le bon Père.

Une des homélies qui frappa davantage les associées de Notre-Dame-de-Bonne-Garde, est celle qu'il
fit sur l'Évangile des dix lépreux guéris par Notre
Seigneur. Indigné contre l'attitude de ces ingrats :
« Voyez donc, mes enfants, s'écriait-il, voyez donc
quel manque de cœur, quel oubli des bienfaits dans
le plus grand nombre de ces malheureux ! Dix sont
guéris de cette abominable lèpre, et un seul vient
remercier Notre-Seigneur ! Ne les imitez pas. N'oubliez jamais de rendre grâce à Dieu de toutes les
faveurs qu'il vous accorde : l'existence, la conser-

vation de votre vie, la nourriture, la santé, tous les biens temporels, les faveurs spirituelles ; ces dernières sont innombrables. Oh ! soyez-en surtout reconnaissantes, puisqu'elles sont pour vous le moyen d'aller au Ciel ! »

Pour lui il ne pouvait recevoir le moindre service de qui que ce fût, sans en exprimer avec une vive émotion sa sincère gratitude.

Apprenait-il qu'une associée avait montré quelque générosité, avait fait quelque sacrifice, il s'empressait de l'en féliciter, et, s'il le pouvait, il lui donnait un petit souvenir, une image, une médaille, un livre, comme gage de sa joie d'avoir une fille si généreuse et pour l'encourager à marcher dans la même voie. « Mon enfant, lui disait-il avec tendresse et quelquefois ému jusqu'aux larmes, mon enfant, comme je vous remercie d'avoir agi de la sorte ! oui, c'est bien ainsi qu'on doit s'y prendre, c'est bien comme cela qu'il faut faire : ah ! le bon Maître pour qui vous travaillez, c'est le Roi du Ciel ; la Maîtresse que vous servez, c'est la Reine du Ciel ! Tous deux sauront apprécier vos services, et soyez-en sûre, ils vous en récompenseront abondamment ; soyons reconnaissants ! »

Le Père Laurent faisait également éclater sa reconnaissance envers Dieu et Notre-Dame, lorsqu'il voyait les fruits de sanctification produits par son Association dans la ville et dans le diocèse de Nantes.

« Quelle n'est pas ma joie, disait-il de temps en

temps aux jours de réunion, quelle n'est pas ma consolation, quand dans les paroisses où je donne des missions, des retraites, j'apprends que les mères de famille les plus édifiantes sont mes enfants de Notre-Dame-de-Bonne-Garde ! Oh ! qu'il m'est doux alors d'en remercier le bon Dieu ! Mais comme je suis bien plus touché encore et plus reconnaissant, lorsque j'en vois qui se consacrent entièrement au meilleur des Maîtres, en se faisant religieuses ! »

Les associées de Notre-Dame-de-Bonne-Garde ont souvent admiré avec quelle reconnaissance filiale le bon Père parlait des sympathiques encouragements donnés à ses œuvres par Monseigneur l'Évêque et ses vicaires généraux. Sa gratitude était plus expressive encore, lorsque Sa Grandeur daignait par sa présence rehausser l'éclat des fêtes de l'Association. Alors son visage était rayonnant. Il était si heureux, si reconnaissant de l'honneur fait à ses chères filles ! En même temps que sa joie éclatait, il montrait par son attitude obséquieuse, par ses humbles paroles, l'esprit de foi dont il était pénétré devant la première autorité du diocèse ; tout le monde en était édifié et plusieurs en étaient touchés jusqu'aux larmes.

Cette reconnaissance, il en donna mille preuves pendant plus de vingt ans, à l'excellent curé de Saint-Similien, M. l'abbé Malenfant. Celui-ci n'avait jamais cessé, depuis 1837, d'être pour ce bon Père et aussi pour les autres Jésuites un ami sincèrement dévoué. Le Père Laurent ne l'oublia jamais et jusqu'à ses derniers moments il se montra plein de sollicitude et d'affection à son égard. Il le visita chaque jour pendant sa dernière maladie, il l'assista à l'heure de sa mort, et l'on se souvient encore de la piété et des larmes du bon Père, lorsqu'on apporta le Saint Viatique au pieux moribond, et quand ce vénérable prêtre eut rendu le dernier soupir.

C'est avec la même simplicité et la même effusion de cœur qu'il saisissait toutes les occasions de remercier le fidèle et dévoué serviteur de M. Malenfant. — Ce bon Jean-Marie avait été le bras droit du vénéré curé de Saint-Similien et son discret auxiliaire auprès du Père Laurent. « O mon bon Jean-Marie, lui disait-il, quand il le rencontrait, ô mon bon Jean-Marie, je ne puis vous voir sans me souvenir des secours que vous nous avez procurés en 1837 ! Combien je vous en suis reconnaissant ! Merci, mon bon Jean-Marie, merci ! »

Avant de mourir le Père Laurent avait donné l'ordre de détruire tous ses papiers. La Providence permit que plusieurs petits cahiers d'apparence insignifiante échappassent aux flammes. Or, dans l'un d'entre eux je lis une résolution concernant l'objet particulier de ses prières : « *J'aurai soin*, dit-il, *de prier Dieu pour l'Église, pour la Compagnie,... pour* MES BIENFAITEURS *surtout.* » A dessein il avait souligné ces deux mots écrits en majuscules. N'est-ce pas la preuve palpable du sentiment de reconnaissance qui était comme le besoin de son cœur? Cœur aimant, il voulait répandre partout le feu de la divine charité qui le consumait, il savait aussi reconnaître les bienfaits dont il était comblé lui-même ou dont il était le témoin attendri.

CHAPITRE XXVII

Le Père Laurent avait maintes fois demandé à
Dieu la double grâce d'être frappé les armes à la
main, dans le cours d'une retraite ou d'une mission,
et de n'être pas trop éloigné de Nantes. Il voulait
tomber en brave, mais il désirait vivement être
assisté par ses Frères et aussi par les prières des
filles de Notre-Dame-de-Bonne-Garde. Cette consolation lui fut accordée.

Le 5 juin 1870 il prêchait encore : c'était à Nantes
et dans la chapelle de ses réunions ordinaires,
paraissait plein de vie et ne pouvait pour ainsi dire
achever son exhortation. « *Elle fut longue*, écrivait
« peu de jours après sa mort une Zélatrice, *mais*
« *elle parut trop courte*. On aurait dit qu'il voulait
« résumer dans cette dernière instruction tout ce
« qu'il avait recommandé depuis près de trente ans
« à ses chères filles. » Il leur rappela leurs devoirs

13.

d'état, les abus qui pouvaient se glisser dans leur conduite ; il expliqua le mystère du jour, — c'était la fête de la Pentecôte, — montra combien nous avions besoin du secours de l'Esprit-Saint pour accomplir les obligations de la vie chrétienne. Il recommanda de prier pour la cessation de la sécheresse qui désolait la campagne ; — il parla de l'élévation de Mgr Fournier au siège épiscopal de Nantes et le fit avec l'expression d'une grande joie : il avait toujours, en effet, été dans des relations intimes avec le curé de Saint-Nicolas, il connaissait son bon cœur et ne doutait pas que son élection à l'épiscopat ne fût très heureuse pour le diocèse et pour toutes les œuvres de zèle, en particulier pour l'Association de Notre-Dame-de-Bonne-Garde. Enfin il consacra ses filles à la divine Mère avec toute la tendresse de son cœur. C'était, personne ne pouvait le prévoir, l'adieu suprême à sa chère Association ! Le lendemain, 6 juin, il partait pour donner une retraite préparatoire à la première communion dans la paroisse Saint-Joachim. Ce ministère si cher à la Compagnie de Jésus, si instamment recommandé par saint Ignace et que le Père Laurent avait toujours singulièrement affectionné, fut le dernier de sa vie apostolique. Dans les premiers mois de cette année 1870 il avait, avec son zèle accoutumé, prêché dans la cathédrale de Nantes et dans quinze autres églises ce qu'il appelait la retraite de préparation à la confession générale des petits enfants. Le bon

Père attachait une souveraine importance à cette
retraite qui au fond était une préparation plus ou
moins éloignée à la première communion. Il voulait, on le devine, faciliter l'ouverture de conscience;
et qui pourrait dire le nombre de sacrilèges empê-
chés par cette pieuse industrie? Cette fois, il venait
mettre la dernière main à la préparation immédiate
des enfants. La paroisse de Saint-Joachim étant considérable, le travail fut pénible. Mais la retraite
allait à merveille. Tout à coup le Père se sent frappé
d'un mal qui l'oppresse. Mandé par M. le Curé, le
médecin déclare qu'il y a urgence pour le missionnaire de quitter la place et de rentrer au plus tôt à la
résidence. Le Père obéit et revient, non sans grande
fatigue, à Nantes. C'était le 11 juin. Descendu de
voiture, il veut se rendre à pied chez nos Pères. Il
n'en pouvait plus; son visage jaune, terreux, faisait
peine à voir. Au moment où il montait la rue Dugommier, une associée de N.-D.-de-Bonne-Garde le ren-
contrant épuisé, haletant, s'offrit à le soutenir. « Non,
non, ma fille ! mais tenez, je le veux bien, portez
mon sac de voyage. » Et le pauvre Père put enfin se
traîner jusqu'à la résidence. Il eut à peine la force
de s'aliter. Le médecin appelé sur-le-champ constata
l'extrême gravité du mal : « La fluxion de poitrine,
que le Père avait gagnée par suite d'un refroidisse-
ment, devait l'emporter à bref délai ! »

Comme il versait quelques larmes, preuve trop
significative de son inquiétude : « Ne pleurez pas,

« mon cher docteur, dit le bon Père, remerciez plu-
« tôt Dieu avec moi. Tenez, il me récompense en ce
« moment de ce que toujours j'ai dit franchement la
« vérité à mes malades ; car dès qu'ils me parais-
« saient en danger, je leur recommandais de mettre
« ordre à leur conscience. J'en suis bien récompensé
« aujourd'hui. Oh ! que j'en remercie le bon Dieu et
« que je vous remercie vous-même, mon cher doc-
« teur, de m'avoir fait connaître la vérité ! » Le Père
Supérieur [1] parut un moment troublé de l'annonce
faite ainsi à brûle-pourpoint au malade. Celui-ci le
tranquillisa bien vite, en manifestant de nouveau
combien il était heureux de l'avertissement. « Je
vous en prie, mon Révérend Père, ajouta-t-il après
une minute de recueillement, que demain on ait la
bonté de me donner les derniers sacrements. » Et
dès l'instant il se prépara avec le plus grand calme
et une douce sérénité à les recevoir.

[1] Le Père Louis Marquet, né à Port-Louis (Morbihan),
le 9 mars 1803, entré dans la Compagnie de Jésus le
12 octobre 1822, mort à Nantes le 21 avril 1880, fut
pendant de longues années et à plusieurs reprises supérieur de la Résidence de Nantes. C'est à lui que l'on doit
la gracieuse chapelle de la rue Dugommier, et « *cette
création suffirait à faire bénir sa mémoire* ». (Voir sa
Notice biographique, par le Père V. Alet, S. J.)

CHAPITRE XXVIII

Le 12 juin 1870, c'était la fête de la très sainte Trinité. Ce fut aussi la fête de l'Eucharistie pour le Père Laurent : Notre-Seigneur, force et consolation des mourants, daigna venir le visiter et le nourrir. Accompagné de tous les membres de la communauté, le Père Labonde, vieil ami et confesseur du cher malade, lui apporta le saint Viatique.

Sur le point de recevoir le Dieu qu'il avait tant aimé et si généreusement servi, le Père Laurent demanda au Révérend Père Supérieur la permission d'adresser quelques paroles à nos Pères et Frères, qui, selon l'usage, à genoux, le cierge à la main, se tenaient rangés autour de la divine Hostie, dans la cellule du malade. D'une voix encore vibrante mais très émue, le bon Père bénit Dieu de la grâce qu'il obtenait de mourir dans la Compagnie de Jésus, grâce qu'il n'avait cessé de solliciter tous les jours depuis son entrée au noviciat. Il demanda ensuite pardon des mauvais exemples qu'il pensait avoir donnés et des peines qu'il craignait d'avoir causées. Le Révérend Père Supérieur se hâta de le rassurer, en lui disant qu'il était le seul à se croire coupable; en tout cas, que nos Pères et nos Frères lui accordaient de grand cœur ce qu'il désirait.

Après avoir reçu le saint Viatique avec des sentiments admirables de foi, de confiance et d'amour, il s'associa aux touchantes prières de l'Extrême-Onction, auxquelles, malgré son oppression, il répondit d'une voix très accentuée. Il entra ensuite et demeura longtemps dans un profond recueillement.

Inutile de dire avec quelle ferveur on pria de tous côtés pour la conservation du saint malade. Les associées de Notre-Dame-de-Bonne-Garde en particulier multiplièrent leurs supplications, et, comme elles l'ont dit plus tard, ce fut pour elles une sorte d'agonie d'apprendre l'état désespéré où se trouvait leur Père. Ayant su qu'il allait recevoir les derniers sacrements, elles se firent un devoir de venir dans notre église prier Notre-Seigneur pendant l'administration du saint Viatique; et, après avoir conjuré le Divin Maître de bénir et de consoler le vénéré malade, elles lui demandèrent pour elles-mêmes le courage et la résignation, en face de la grande perte dont elles étaient menacées.

C'était le lendemain de son retour à Nantes. Il vécut encore deux jours pleins et trois nuits. Nos Pères de la Résidence ont attribué ce prolongement de vie à la bonté de Dieu sans doute, mais aussi à la science et au dévouement affectueux des médecins, qui ne pouvaient assez admirer le courage et la sérénité du saint malade.

Tous les membres de la Communauté partageaient les sentiments des docteurs ; ils avaient toujours été édifiés au spectacle des vertus du Père Laurent pendant sa vie apostolique ; combien le furent-ils davantage en voyant sa patience inaltérable, sa parfaite soumission à la divine volonté, sa douce confiance, sa joie même, aux dernières heures de cette belle vie et jusque dans les bras de la mort !

Le Père comprenait parfaitement sa position. Aussi, le lundi 13 juin, fit-il brûler un certain nombre de papiers que son humilité ou sa discrétion voulait dérober aux regards. « Brûlez tout cela, dit-il au frère infirmier, en indiquant des liasses de sermons. Ces papiers sont bons pour celui qui les a écrits, mais ne peuvent guère servir à d'autres. Si l'on veut copier des discours, on en trouvera de bien meilleurs dans les livres. » Faisant allusion à certaines notes intimes que nous regrettons à bon droit : « Brûlez tout cela encore, dit-il, on trouve de plus belles choses dans la vie des saints ! »

Reconnaissant pour les moindres services, il offrit au Père qui l'assistait un de ses reliquaires ; il en donna un autre au frère coadjuteur qui l'avait beau-

coup aidé à distribuer les ceintures du Bienheureux
Alphonse Rodriguez. Ayant encore assez de force,
croyait-il, il voulut réciter son bréviaire; c'était un
touchant spectacle de voir ce bon vieillard étendu,
haletant, sur son lit, s'efforçant de prononcer le
saint office, puis s'arrêtant, baisant, fermant, baisant encore le livre sacré et le déposant à côté de
lui; il semblait ne pas vouloir s'en séparer. Sa ferveur était vraiment extraordinaire, elle s'exhalait
en pieuses et touchantes invocations : l'*Ave Maria*
était continuellement sur ses lèvres ainsi que la formule de ses vœux. Il voulait mourir fidèle aux ser-
ments de sa chère vocation.

Ce même jour, 13 juin, le Père Labonde qui,
depuis 1837, n'avait cessé de travailler, de souffrir
et de prier avec le Père Laurent, écrivait au Révérend Père Boyer, supérieur des missionnaires de
Pontigny, au diocèse de Sens : « Permettez que je
« vous confie quelque chose de notre commune dou-
« leur. Je viens de donner les derniers sacrements
« au bien aimé Père Laurent, c'est le troisième de
« nos Pères dont le Seigneur demande les comptes
« depuis huit mois ! C'est une grande perte pour
« nous. Le Père Laurent était le missionnaire par
« excellence de ce diocèse; nous attendons son der-
« nier soupir. Nous devons dire sans doute : « *Ita,*
« *Pater, quoniam sic fuit placitum ante te*[1]. » (Qu'il en
« soit ainsi, ô mon Père, puisque c'est votre bon

[1] Matth., xi, 26.

« plaisir.) Ce qui n'empêche pas que nos cœurs ne
« soient comme brisés. » Touchant témoignage
d'estime et d'affection donné par un vieux compagnon d'armes, expression résignée d'une religieuse
douleur! Le vénérable vieillard survivra à son saint
ami et ne le rejoindra qu'après avoir, pendant une
douzaine d'années encore, travaillé et souffert pour
la gloire de leur commun Maître.

CHAPITRE XXIX

Au milieu de la désolation générale dont nos
Pères et Frères ne pouvaient eux-mêmes complètement se défendre, seul le cher malade rayonnait de
joie et se faisait consolateur. Il gardait toute sa
lucidité d'esprit, toute sa tendresse de cœur, et,
malgré l'oppression, il savait encore faire entendre
de bonnes et encourageantes paroles.

Plusieurs amis et quelques bienfaiteurs demandèrent avec instance qu'on leur accordât la consolation
de voir une dernière fois le *bon Père* et de recevoir
une dernière bénédiction. Le Révérend Père Supérieur
ne crut pas devoir les priver du spectacle de la mort
d'un saint. Deux jours durant, on permit donc à
ces pieux et dévoués amis de pénétrer dans la

pauvre cellule du Père, qui les accueillait encore le
sourire sur les lèvres. « J'ai vu de pieux laïques,
« m'écrivait dernièrement le Frère O..., se mettre à
« genoux au pied du lit du malade et recevoir la
« bénédiction du bon Père. Il leur parlait du ciel,
« les consolait, faisait ouvrir ses livres pour distri-
« buer les images qui s'y trouvaient, et les chargeait
« de porter sa bénédiction à leurs femmes et à leurs
« enfants. Ces messieurs versaient des larmes ; le
« Père conservait sa douce sérénité. »

Parmi ces pieux visiteurs que l'affection, l'estime
et la reconnaissance amenèrent ainsi au chevet du
religieux mourant, je dois nommer tout particulièrement Mgr Fournier, évêque présenté par le gouvernement pour succéder à Mgr Jacquemet, et que
Pie IX préconisa dans le Consistoire du 27 juin 1870.
Mgr Fournier, curé, depuis 1836, de l'importante
paroisse de Saint-Nicolas, à Nantes, avait su apprécier les vertus sacerdotales et religieuses du Père
Laurent et toujours il lui avait témoigné une cordiale affection. Il voulut lui en donner une marque
bien significative en venant spontanément le visiter
sur son lit de souffrances. A sa vue, le bon Père fut
vivement ému ; il lui en témoigna son humble
reconnaissance et le supplia de lui donner sa bénédiction. Monseigneur la lui donna de grand cœur,
mais en retour il exigea que le bon Père lui donnât
la sienne. Scène touchante, faisant honneur au pré-

lat et au religieux, et pleine d'édification pour ceux qui en furent les heureux témoins [1].

Un de nos Pères se trouvant seul avec le cher malade, lui suggérait quelques-unes de ces pensées dont le cœur d'un mourant a si grand besoin. J'ignore s'il lui inspirait des sentiments de confiance. « Mon Père, reprit le malade, je suis tout à fait « entre les mains de Dieu. Quand j'allais en mission « par les chemins de fer, je prenais mon billet à la « gare, je montais en wagon, et là je ne m'occupais « plus du voyage, plein de confiance dans le savoir- « faire et la probité du conducteur. Maintenant le « bon Dieu a bien voulu me donner le saint Viatique « et l'Extrême-Onction. Mon lit est comme le wagon « qui m'emporte vers l'éternité !... C'est Notre-Sei- « gneur Jésus-Christ qui me conduit ! Ne serait-ce « pas l'outrager que de manquer de confiance ? »

[1] Le Père Laurent était quelquefois pris pour M. le curé de Saint-Nicolas. A distance, on pouvait réellement se méprendre ; l'un et l'autre étaient de taille moyenne, d'allure ferme et décidée. Tous deux tenaient leur tête fort droite, étaient couronnés de cheveux blancs. La preuve que la ressemblance était réelle, c'est que, plus d'une fois, en s'adressant à M. Fournier on croyait le faire au Père Laurent. Peu de semaines avant la mort du Rév. Père, Mgr l'Évêque disait : « Ce n'est pas une fois, c'est dix fois, qu'on m'a salué sous le nom du Rév. Père Laurent. » Il aimait à le redire au bon Père pour qui il avait une tendre affection.

Une autre fois il dit au même Père : « Quand on
« travaille pour le bon Dieu, on lui donne les fruits
« de son arbre ; mais quand on meurt volontiers,
« par soumission à ses ordres, on lui donne l'arbre
« même : Est-ce que cela ne vaut pas mieux ? »

Un des enfants privilégiés du Père Labonde et des
plus fidèles à la mémoire de ce vénéré Père, avait
été invité nommément par le bon Père Laurent à
venir lui faire ses adieux. En le voyant entrer dans
sa chambre, le cher malade lui sourit tendrement,
le bénit avec une égale tendresse et d'une voix forte
encore, mais que l'étouffement rendait fort pénible :
*Vous voyez, mon cher Henri, vous voyez bien que je
m'en vais, et à grande vitesse !* Et le moribond devait
consoler son cher visiteur. Celui-ci, en effet, était
ému jusqu'aux larmes, ravi en même temps d'admiration à la vue du calme et de la sérénité du bon
Père.

Dans une autre occasion, il fit cette réflexion, à
propos de certains textes de la sainte Écriture qu'on
lui suggérait, ou dont il s'entretenait pieusement au
fond de son cœur : « Je me suis beaucoup appliqué
toute ma vie, à comprendre les sens souvent très
multipliés des psaumes qu'on récite dans le bréviaire. J'en suis très heureux à présent, car ils me
reviennent à la mémoire et sans effort. Il est bien
doux, dans ma position, de me rappeler et de goûter
ces deux versets : *In pace in idipsum dormiam et
requiescam. Quoniam tu, Domine, singulariter in spe*

constituisti me ! Je m'endormirai et me reposerai en paix dans le Seigneur ; car, ô mon Dieu, vous m'avez établi d'une manière toute particulière dans l'espérance ; » et il répétait avec l'accent de sa douce et filiale piété : « *Singulariter… constituisti me !…* Oui, d'une manière toute particulière vous m'avez établi, affermi dans l'espérance [1] ! » (Ps. vi, 8-9.)

Le soir qui précéda sa mort, « dans quelques heures, dit-il d'une voix entrecoupée par une respiration précipitée et très pénible, bientôt du moins, j'espère être témoin du triomphe complet de notre divin Sauveur Jésus. Il a bien souffert, il a été tant humilié pour moi ! Au ciel, tous les cœurs l'aiment, toutes les voix le chantent ; aucune là haut qui ne le bénisse. Ah ! quel bonheur ! » Et imitant le bienheureux Jean Berchmans, il roulait son chapelet autour de ses mains qui serraient son crucifix et le petit livre de nos saintes Règles ; et, renouvelant ses vœux, il disait : « *Voveo paupertatem, castitatem, obedientiam perpetuam in Societate Jesu.* Je fais vœu de pauvreté, de chasteté, d'obéissance perpétuelle dans la Compagnie de Jésus », et il ajoutait avec une présence d'esprit et un calme admirables, en montrant ses mains chargées de son triple trésor :

---

[1] Le Père Laurent avait fait un travail de longue haleine sur le psaume 118ᵉ. Je n'ai point à le juger ; mais, avec d'autres Pères qui ont lu ces notes, je puis dire qu'elles sont remarquables par la piété qui les a inspirées.

« Regardez bien, voilà comme il faudra me mainte-
« nir, quand je serai mort. »

S'entretenant avec le frère infirmier : « J'ai beau-
« coup travaillé pour le bon Dieu, lui disait-il, et
« pendant ma longue vie... mais qu'est-ce que tout
« cela ? Et puis, mon Dieu ! que de misères, que
« d'imperfections ! » Et comme le cher frère lui rappelait que Notre-Seigneur est bien bon pour ses
apôtres : « *Ah ! cher frère, oui, oui, il est bien bon !*
« *Et puis,* JE L'AI TOUJOURS AIMÉ TENDREMENT !! » Ainsi
revenait à l'heure suprême, comme une consolation
dominant toutes les craintes, ce cri d'amour que le
bon Père avait si souvent répété pendant sa vie :
« *Tu scis quia amo te !* Seigneur, vous savez bien
« que je vous aime ! »

Le frère linger étant venu le visiter, le Père son-
gea, en le voyant, au linceul et aux vêtements dans
lesquels on l'ensevelirait. « *Frère,* lui dit-il avec le
calme d'un missionnaire qui prépare son petit trous-
seau de voyage, *quelle soutane me donnerez-vous quand
je serai mort ? — Mon bon Père, vous comprenez bien
que je ne pourrai pas vous donner votre soutane neuve.
— C'est vrai ! c'est vrai ! — Eh bien, je vous donnerai
la vieille. — Oui, bien ! mais, cher frère, vous aurez
soin d'ôter les taches !...* » Ainsi jusqu'à l'heure du tré-
pas, le bon vieillard tenait à cette propreté dont
petit enfant il avait été si jaloux.

C'est au même frère que le Père recommandait le

soin de la modeste estrade sur laquelle nos chers
défunts sont exposés jusqu'au moment de la levée
du corps. « Faites en sorte, lui disait-il, que mon
« pauvre corps soit placé de manière à être visible,
« quand mes enfants de Notre-Dame-de-Bonne-
« Garde voudront me voir une dernière fois ! Qu'il
« y ait des agenouilloirs, afin qu'elles puissent prier
« à l'aise pour leur Père ! »

CHAPITRE XXX

Tant de fatigues, ajoutées au progrès incessant
de la maladie, amenèrent le délire dans la nuit du
mercredi. Vers trois heures du matin, ses paroles et
ses gestes annoncèrent le trouble de ses facultés,
mais ne firent qu'augmenter l'édification de ceux
qui le veillaient. Tantôt il se croyait en chaire
devant une nombreuse assistance ; il faisait une clôture de mission, et d'une voix forte encore s'adressant à la foule : « Mes frères, s'écriait-il, tenez en
« main vos chapelets, vos croix, vos médailles ; je
« vais les bénir ; » et faisant le geste, il commençait
la formule de bénédiction... Tantôt il se croyait au
confessionnal, encourageait son pénitent, lui inspirait des sentiments de contrition et, comme s'il lui
eût donné l'absolution, il ajoutait : « *O mon cher ami,
remerciez le bon Dieu... Votre âme était tout à l'heure*

encore, noire comme du charbon ; maintenant elle est blanche comme la neige, soyez dans la joie et fidèle à Dieu ! » Touchant ressouvenir de sa vie de missionnaire ! Jusque dans les bras de la mort, il voulait être apôtre !

On le vit aussi à plusieurs reprises, par une sorte d'instinct sacré, fruit indubitable de ses pieuses habitudes, prendre son crucifix, le baiser, prendre ensuite et ouvrir son bréviaire, le baiser affectueusement et faire entendre des actes d'amour de Dieu : puis il s'affaissa sur lui-même, ses yeux se fermèrent ; il ne donna plus signe de connaissance et ne prononça aucune parole jusque vers sept heures.

C'est alors qu'un Père qui l'assistait et qui devait le quitter pour aller dire la messe, lui prit les mains et lui dit : « Mon bon Père, je me rends à l'église : je vais offrir le saint sacrifice pour vous. » Le pieux moribond serra assez fortement la main de son confrère et inclina visiblement la tête. C'était prouver à la fois et qu'il avait compris et qu'il était reconnaissant de la messe qu'on voulait célébrer à son intention. Trois quarts d'heure plus tard, au moment où le Père Labonde se penchait vers son saint ami et le pressait pour la dernière fois sur son cœur, le bon Père s'éteignait doucement, sans convulsion, sans effort, et, plein d'amour et de confiance, il remettait son âme entre les mains de son Divin Sauveur, le 15 juin 1870. Il avait soixante-quinze ans et en avait passé trente-neuf dans la Compagnie de Jésus.

A peine eut-il rendu le dernier soupir, le R. Père Supérieur détacha la grosse médaille du chapelet du Père Laurent et la fit mettre à son propre rosaire. C'était immédiatement prouver en quelle estime il avait le vénéré défunt.

Les prières des agonisants avaient été récitées plusieurs fois près du malade ; celles de la recommandation de l'âme furent faites aussitôt par la communauté ; et, convoquées à notre église par le son de la cloche, bien des personnes unirent leurs supplications aux nôtres, pour le repos de celui qui venait de paraître devant Dieu.

Le glas funèbre parti de la rue Dugommier propagea promptement la fatale nouvelle. Ce fut une explosion de douleur parmi les fidèles qui connaissaient le bon Père, mais surtout parmi les associées de Notre-Dame-de-Bonne-Garde. Ces excellentes filles furent admirables, et leur piété filiale prouva bien qu'elles avaient été à l'école d'un Père qui leur avait enseigné la reconnaissance.

Selon sa recommandation, on plaça entre ses mains son crucifix, son chapelet et le livre des Règles. On l'eût dit dormant son doux sommeil sur le pauvre lit dressé au parloir et près duquel, pendant trente-quatre heures, on vint en foule se prosterner et prier. La pâleur de la mort respecta ses traits, et jusqu'au lendemain matin sa physionomie ne subit aucune altération.

Mgr Fournier, évêque nommé de Nantes, voulut officier aux obsèques, et conduire jusqu'au cimetière la dépouille mortelle de celui qu'il avait toujours particulièrement estimé et aimé.

Les funérailles furent, selon notre Institut, celles des pauvres ; absence de toute pompe et de toute décoration ; mais l'assistance rehaussa merveilleusement cette extrême simplicité. Quoique tardivement renseignés, les prêtres vinrent en grand nombre ; bien entendu, l'Association de Notre-Dame-de-Bonne-Garde y fut tout entière. Quatre mille personnes environ prirent part au convoi funèbre. Les rues où passa le cortège étaient bordées d'une foule pieusement recueillie : hommes et femmes, riches et pauvres, tous rendaient ainsi un éclatant hommage de respectueuse sympathie au bon religieux, dont la ville et le diocèse de Nantes avaient su apprécier le dévouement.

C'est au caveau réservé à nos Pères, dans le cimetière de la Miséricorde, que Mgr Fournier confia le corps du Père Laurent. Il y repose avec ceux des Pères Desbouillons, Reulos, G. Petit, L. Marquet, Labonde, Derice, etc., en attendant le jour de la Résurrection...

Voilà dix-huit ans que cette tombe est fermée. Si oublieux que nous soyons tous de nos chers défunts, le souvenir du Père Laurent n'est pas effacé du cœur des Nantais : prêtres et fidèles parlent encore avec amour du *bon Père*. Tous les dimanches on voit de petites bandes d'associées de Notre-Dame-de-Bonne-Garde se rendre pieusement au cimetière et prier sur la tombe de leur vénéré directeur. Beaucoup de personnes ont demandé des parcelles de ses vêtements, comme souvenir de ses vertus et témoignage de la confiance qu'elles ont en son intercession près de Dieu. Oui, sa mémoire est encore en bénédiction.

Quoi qu'il en soit, je crois être l'écho fidèle du clergé et de la pieuse population du diocèse de Nantes, en disant que de tous les Pères Jésuites dont le séjour a été prolongé en notre Résidence, nul n'a été plus unanimement apprécié, aimé et vénéré que le bon Père Laurent.

Ce fut en particulier le sentiment du Père de Guilhermy, l'archiviste de la Compagnie de Jésus dans notre province de France. Quelques années après le pieux décès du bon Père Laurent, il était venu à Nantes étudier, sans doute, nos traditions locales et prendre des notes pour ses travaux d'hagiographe. Avant de quitter la Résidence, « *vous avez eu ici*, dit-il à un de nos religieux, *vous avez eu ici deux Pères bien remarquables : le Père G. Petit et le Père Laurent.* » Sans diminuer le mérite de nos autres défunts, le Père de Guilhermy voulait évidemment

14.

honorer d'une manière spéciale la mémoire du bon et saint Père Laurent [1].

Mon but en publiant ces pages, — je l'ai dit en commençant, — est de perpétuer le doux souvenir de cet humble et fervent religieux. Je serais doublement heureux si je pouvais du même coup lui susciter de nombreux et fidèles imitateurs. « *Les hommes intérieurs et spirituels*, disait le T. R. Père Roothaan, de sainte mémoire [2], *avec des talents ordinaires font un bien immense.* » Le Père Laurent a *été* de ce nombre. Plus que jamais, de tels ouvriers sont nécessaires dans la vigne du Seigneur. Pour moi, s'il m'est permis d'exprimer un vœu personnel, je demande instamment à ce bon et saint Père d'être mon intercesseur près de Jésus : qu'il m'obtienne de

[1] Le Père Georges Petit, né en Savoie, le 18 février 1820, entré dans la Compagnie de Jésus le 11 octobre 1840, est mort en odeur de sainteté à Nantes, en mars 1864. Les religieuses de Marie-Réparatrice le regardent comme le fondateur de leur Congrégation.

Le Père Elesban de Guilhermy, né à Paris, le 16 février 1818, entré dans la Compagnie le 30 août 1836, est mort à Paris le 6 août 1884. La Compagnie de Jésus lui doit une vive reconnaissance pour ses *Ménologes* ou Notices nécrologiques sur les enfants de saint Ignace distingués par d'éminentes vertus.

[2] Conférence du T. R. Père Roothaan, général de la Compagnie de Jésus, au collège Notre-Dame de Tournai (Belgique), le 25 août 1849.

sauver des âmes, et en grand nombre, pendant les derniers jours de mon pèlerinage ici-bas, et de mourir comme lui, brûlant d'amour et plein de confiance dans le Cœur du Divin Maître, et dans les bras de la Compagnie, ma très chère mère.

Beati mortui qui in Domino moriuntur et in Societate Jesu carissima matre meâ !

FIN

APPENDICE

I

**Règlement du Père Laurent pour les premiers
instants du jour.**

(Je traduis du latin ce Règlement que le Père Laurent
appelait ses pratiques, *Praxes*).

1° Quand je me réveillerai, je ferai un signe de
croix et je dirai : « Jésus, Marie, Joseph, soyez toujours avec moi et toujours bénis ! » — « Mon Dieu,
mon Dieu, dès la pointe du jour j'élève mon cœur
vers vous ! »

2° Quand j'entendrai l'excitateur, je penserai à
mon bon Ange qui me dit : « Adore le Seigneur ton
Dieu ! — Ce Dieu béni t'accorde ce jour, fais-en bon
usage ! » Je me lèverai aussitôt, je ferai le signe de
croix et dirai : « Que notre secours soit dans le nom
du Seigneur ! » Je formerai mon intention pour
gagner toutes les indulgences du jour, et, baisant

ma soutane, je dirai : « Bon Jésus, par ce vêtement sacré, revêtez-moi de l'homme nouveau que réclame ma très sainte vocation, afin que je puisse lui être fidèle et que j'atteigne la vie éternelle, » et je remercierai Dieu qui m'accorde d'être revêtu des livrées de Jésus-Christ.

3° En prenant ma ceinture, je dirai : « Bon Jésus, ceignez-moi de votre armure, afin que je tienne ferme en face du monde, de la chair et du démon. »

4° En achevant de m'habiller, j'invoquerai Marie conçue sans péché, mon bon Ange Gardien, le Bienheureux Joseph, mes Saints Patrons, etc., et, après avoir recouvert mon lit,

5° Je me laverai en disant : « Seigneur Jésus, qui pour moi avez permis que l'on crachât sur votre adorable visage, lavez-moi de plus en plus, pour que je vous plaise et sois digne de la vie éternelle. Lavez-moi, Seigneur, avec l'hyssope et je serai purifié, etc. »

6° Sortant de ma cellule je dirai : « O bon Jésus, ne permettez pas que je me sépare jamais de vous ni de votre sainte Compagnie ! Et vous, Vierge Marie, bénissez-moi ainsi que votre divin Fils. » Je prendrai l'eau bénite en répétant : « *Asperges me...* » ou bien en disant : « Que cette eau sainte chasse loin de moi Satan et ses œuvres. »

7° Entré dans la chapelle, je ferai un acte d'adoration et je dirai ensuite : « Bénie soit la Très Sainte-Trinité maintenant et toujours. Ainsi soit-il. »

J'invoquerai le Cœur sacré de Jésus et je dirai :
« Je vous adore, ô Jésus réduit à l'agonie dans le
Jardin des Oliviers, et tous les jours encore dans
l'Eucharistie oublié, méprisé par les impies... Vous
êtes le seul Saint, vous êtes le seul Seigneur, vous
êtes le seul Très-Haut ! » J'invoquerai Marie Immaculée : « Bénie soit la sainte et Immaculée Conception de la Bienheureuse et toujours Vierge Marie ! »

J'invoquerai mon Ange Gardien : « Ange de Dieu,
qui êtes mon gardien, par un bienfait de la divine
charité, éclairez-moi aujourd'hui, protégez-moi,
dirigez-moi et gouvernez-moi. Ainsi soit-il. » Et ensuite mes Saints Patrons :

Sancte Joseph,

Sancte J. Baptista,

Sancte Ferdinande,

Sancte Aloysi,

Sancte Pater Ignati,

Sancte Francisce (Xaveri),

Sancte Francisce (Borgia),

Sancte J. Francisce (Regis),

Sancte Francisce (Hieronymo),

Sancte Stanislae (Kostka).

En faisant ces prières, je dirigerai mon intention,
voulant que pendant la journée mes pensées, mes
paroles, mes actes soient uniquement pour Dieu.

Je déposerai cette intention dans le saint Cœur
de Jésus, je la plongerai dans le sang de Notre-Seigneur et l'unirai aux mérites de Notre-Dame et de
tous les Saints...

II

A quelles intentions le Père Laurent offrait toutes ses actions.

Veut-on savoir à quelles fins le Père Laurent offrait chaque jour toutes ses actions ? Voici ce que je trouve écrit de sa main dans un modeste feuillet, remontant, sans aucun doute, comme les lignes précédentes, aux premières années de sa vie religieuse.

Chaque jour j'offrirai toutes mes actions, etc. :

1° Pour que Dieu soit de plus en plus glorifié ;

2° Pour que j'avance de plus en plus dans la pratique des vertus solides ;

3° Pour que je combatte énergiquement contre la tiédeur et la pusillanimité ;

4° Pour le bien de toute la Compagnie de Jésus, ma très chère mère ;

5° Pour l'Église de Dieu dans le sein de laquelle je suis né, et dans laquelle je veux toujours vivre et mourir ;

6° Pour le Souverain Pontife, père de tous les catholiques ;

7° Pour tous mes parents vivants et défunts ;

8° Pour tous mes bienfaiteurs, mes amis et mes ennemis vivants et défunts ;

9° Pour tous les religieux de la Compagnie qui travaillent dans les missions, soit dans les pays catholiques, soit à l'étranger ;

10° Pour le Très Révérend Père Général, pour le Révérend Père Provincial, pour mon Supérieur local, pour le Révérend Père Maître de mon noviciat. (Cette intention n'indiquerait-elle pas que le manuscrit remonte au temps même où le Père Laurent était encore novice?)

11° Pour que la dévotion envers le Sacré-Cœur s'étende de plus en plus ;

12° Pour que la dévotion envers la Conception Immaculée de la Bienheureuse Vierge Marie augmente toujours ;

13° Pour que celle envers saint Joseph soit pratiquée dans l'univers entier.

III

Intentions particulières pour chaque jour de la semaine.

Précisant ensuite ses intentions particulières pour chaque jour de la semaine, il détermine dans une colonne quel sera, chacun de ces jours, l'objet principal de son culte, et, dans une autre colonne, pour qui spécialement il priera.

15

Je traduis toujours du latin, sans pouvoir imiter le laconisme et les abréviations du manuscrit :

Le dimanche. — Je le consacrerai à la Très Sainte-Trinité et je prierai particulièrement pour tous ceux qui sont constitués en autorité.

Le lundi. — Je le consacrerai aux Saints de la Compagnie de Jésus et à mes Saints Patrons, et je prierai particulièrement pour les fidèles défunts [1].

Le mardi. — Je le consacrerai aux Saints Anges et à mon Ange Gardien et je prierai particulière-ment pour ceux qui sont tentés.

Le mercredi. — Je le consacrerai à saint Joseph et je prierai pour les mourants.

Le jeudi. — Je le consacrerai en l'honneur du Très Saint-Sacrement et je prierai pour les infidèles, les hérétiques et les schismatiques.

Le vendredi. — Je le consacrerai au Sacré-Cœur et à la Passion de Notre-Seigneur Jésus-Christ et je prierai pour tous les religieux et les ecclésiastiques.

Le samedi. — Je le consacrerai à la Bienheureuse Vierge Marie et je prierai pour la conversion des pécheurs.

---

[1] Dans un autre petit cahier (retraite de 1856) je lis cette résolution : « Tous les jours je réciterai cinq *Pater* et *Ave* les bras en croix et l'invocation : *Te ergo quæsumus, famulis tuis subveni, etc.*, pour les fidèles tré-passés. »

Il n'est pas jusqu'aux intentions particulières
qu'il n'ait fixées pour la récitation quotidienne du
chapelet. Chaque dizaine avait une intention spéciale; le Père Laurent les avait-il présentes à la
mémoire, lorsqu'il récitait son chapelet ? Je ne suis
pas en mesure de résoudre ce problème. Rien d'ailleurs n'empêche que le Père ne les ait déterminées
d'avance, se contentant dans la pratique de les
renouveler d'une manière générale au moment où il
disait son rosaire.

Voici le petit tableau qu'il avait tracé à la suite
de celui que nous avons reproduit précédemment.

Intentions que j'aurai dans la récitation de chaque dizaine de mon chapelet.

Le dimanche. — 1re dizaine pour obtenir la force ;
2e dizaine pour la Compagnie de Jésus; 3e dizaine
pour mes parents ; 4e dizaine pour les tentés ;
5e dizaine pour les défunts.

Le lundi. — 1re dizaine pour obtenir la pauvreté ;
2e dizaine pour le Pape ; 3e dizaine pour mes paroissiens ; 4e dizaine pour les moribonds ; 5e dizaine
pour les défunts.

Le mardi — 1re dizaine pour obtenir la chasteté ;
2e dizaine pour les religieux ; 3e dizaine pour mes

amis ; 4e dizaine pour les infirmes ; 5e dizaine pour les défunts.

Le mercredi. — 1re dizaine pour obtenir la vertu d'obéissance ; 2e dizaine pour les ecclésiastiques ; 3e dizaine pour mes ennemis ; 4e dizaine pour les affligés ; 5e dizaine pour les défunts.

Le jeudi. — 1re dizaine pour obtenir la charité fraternelle ; 2e dizaine pour les catholiques ; 3e dizaine pour mes bienfaiteurs ; 4e dizaine pour les pauvres ; 5e dizaine pour les défunts.

Le vendredi. — 1re dizaine pour obtenir le zèle des âmes ; 2e dizaine pour les hérétiques et les schismatiques ; 3e dizaine pour ceux qui me sont recommandés ; 4e dizaine pour les justes ; 5e dizaine pour les défunts.

Le samedi. — 1re dizaine pour obtenir l'humilité ; 2e dizaine pour les infidèles ; 3e dizaine pour les oubliés ; 4e dizaine pour ceux qui souffrent persécution ; 5e dizaine pour les défunts.

On remarquera que la dernière dizaine était tous les jours pour les âmes des trépassés.

A ces intentions si minutieusement désignées le Père Laurent avait ajouté celles que l'Institut de la Compagnie nous recommande.

IV

Consécration du Père Laurent à saint Joseph.

O Bienheureux Joseph, digne entre tous les Saints d'être vénéré, aimé et invoqué, tant par l'excellence de vos mérites, que par l'éminence de votre gloire et la puissance de votre intercession ; en présence de Jésus qui a daigné vous donner le nom de père, et de Marie, qui vous a reçu des mains de Dieu pour être son époux ; moi Edme-Marie-Augustin Laurent, je vous choisis et vous prends, aujourd'hui et pour toujours, pour mon avocat auprès de Jésus et de Marie, pour mon protecteur et mon père. Je me propose fermement de ne jamais vous oublier, de vous honorer, de vous aimer et de vous invoquer tous les jours de ma vie. Daignez donc, je vous en conjure, glorieux saint Joseph, m'admettre aujourd'hui et pour toujours sous votre protection spéciale ; daignez me recevoir au nombre de vos fidèles et dévoués serviteurs. Assistez-moi dans toutes mes actions ; veillez sur moi dans tous les lieux et toutes les situations de ma vie ; soyez-moi toujours favorable auprès de Jésus et de Marie et ne m'abandonnez pas à l'heure de ma mort. Ainsi soit-il.

Nantes, 18 avril 1869 ; fête du Patronage de saint Joseph.

Aug. Laurent, s. j.

V

Le R. P. Jean-Baptiste Hus.

Le Père Jean-Baptiste Hus, né le 26 janvier 1803, au village *Les Loges*, dans cette partie du diocèse actuel de Coutances qu'on nomme l'Avranchin et qui confine à la Bretagne, eut le bonheur d'avoir des parents profondément religieux. Il fit ses classes de grammaire et d'humanités au collège d'Avranches et son cours de sciences au petit séminaire de Sainte-Anne d'Auray. Bon nombre de ses compatriotes l'y avaient précédé. Dieu sans doute l'y attira pour l'appeler à la Compagnie de Jésus.

Fidèle à la voix divine, et triomphant des difficultés extérieures qui semblaient devoir l'arrêter, il entra au Noviciat de Montrouge, le 2 octobre 1823, et, sous la direction du Père J.-B. Gury, y passa la première année d'épreuves. Il fut ensuite envoyé à Avignon, où le Révérend Père Renault, son supérieur, reçut ses premiers vœux le 4 octobre 1825.

Devenu scholastique, il commença sous les ordres de l'obéissance, cette vie mouvementée qui est le propre des religieux de la Compagnie, mais qui fut surtout la sienne. De 1825 à 1838 il fut employé dans plusieurs de nos collèges en France et en Suisse, appliqué ensuite à l'étude de la théologie et,

lorsqu'il eut été ordonné prêtre, initié au ministère
des âmes, dans la chaire et au tribunal de la pénitence.

C'est à Nantes qu'il fit ses vœux solennels le
2 février 1839 et qu'il commença à déployer l'activité de son zèle. Il y séjourna à trois reprises différentes : de 1839 à 1842, de 1849 à 1852, et de 1865
à 1879.

Dans l'intervalle de ces trois séjours, le Père Hus
remplit avec conscience et capacité trois importantes
fonctions. Il accompagna le Révérend Père Bou-
langer, visiteur de nos maisons dans l'Amérique du
Nord ; il fut ensuite Supérieur de la difficile mission
de Cayenne, où son cœur de religieux et de français
eut tant à souffrir et, immédiatement après, il lui
fallut de nouveau partir pour l'Amérique Septen-
trionale : il était nommé Supérieur général des Missions que la province de France entretenait alors aux
États-Unis et au Canada. Revenu en Europe aux
derniers jours de 1859, il put se reposer de ses
treize ans consécutifs de supériorité, comme on se
repose dans la Compagnie, c'est-à-dire, en exerçant,
autant qu'on le peut et de tout son cœur, ici ou là,
dans un poste inférieur ou supérieur, une fonction
quelconque.

C'est après avoir rempli cette importante charge
de Supérieur de nos Missions en Amérique que,
rentré en France, il obtint la faveur de faire les
Grands Exercices spirituels de saint Ignace, dans

notre maison de troisième an, à Notre-Dame de
Liesse (diocèse de Soissons).

Grâce à Dieu, j'ai conservé une lettre que cet
excellent Père écrivit, à cette époque, à un de nos
Pères de la résidence de Nantes. J'ignore si l'auto-
graphe a été conservé (le destinataire est mort
depuis vingt-trois ans), mais ma copie est parfaitement authentique. Nul doute que ces pages ne fassent
de plus en plus apprécier la vertu de ce parfait religieux. L'urbanité de son langage, l'oubli si franc de
lui-même, les éloges qu'il donne avec tant de cordialité à ses confrères, sa sainte indifférence en face
de l'avenir et sa parfaite soumission (*libenter*) aux
ordres des supérieurs, tout cet ensemble de qualités
et de dispositions, peint au vif le mâle et tendre
caractère du Père Hus ; et j'éprouve une vraie consolation de pouvoir faire connaître cette belle page.
Elle était adressée au Révérend Père Reulos, fondateur de l'*Œuvre des Bons Livres*, à Nantes, et auteur
des *Avis Spirituels* [1].

---

[1] Le Père Alexandre Reulos, né dans le diocèse de
Coutances, le 24 mars 1792, entré dans la Compagnie
de Jésus le 6 septembre 1815, est mort à Nantes à l'âge
de 73 ans et dans la cinquantième année de sa vie religieuse. L'*Œuvre des Bons Livres*, fondée par ce Père, a,
depuis 1859, fait de merveilleux progrès, et c'est par
cinquantaines de mille que, chaque année, les bons
livres sont en circulation dans la ville de Nantes. Pour
renseignements, on peut s'adresser au Père Henri Pot-
tier, rue Dugommier, 9, Nantes.

Voici cette lettre que j'ai copiée moi-même sur l'original :

Notre-Dame-de-Liesse, 7 juillet 1859.

Mon Révérend et très cher Père,

P. C.

Je reçus hier l'excellent petit volume que vous avez bien voulu m'adresser. Je vous en remercie très cordialement. Il m'est précieux comme témoignage de votre bonne, ancienne et constante amitié ; il me sera utile, j'espère, car j'ai déjà commencé à le lire, et veux suivre tous les sages conseils dont il est rempli. Vous êtes bien heureux d'avoir pu le composer ; je ne doute pas qu'il ne rende de grands services à beaucoup d'âmes, qui avaient besoin d'avoir toujours sous la main ces instructions si bien choisies, substantielles, courtes et bien écrites, pour marcher avec plus de sûreté et de facilité dans les sentiers de la vertu.

Quand je l'ai ouvert, j'ai vu que je recevais deux cadeaux à la fois. La feuille *(c'était un tableau, compte rendu de l'Œuvre des Bons Livres)*, qui m'a fait voir les admirables développements de votre *Œuvre des Bons Livres*, les fruits si abondants qu'elle a produits déjà, et conjecturer ceux bien plus abondants encore qu'elle produira infailliblement, m'a fait le plus grand plaisir. J'en ai eu beaucoup aussi à me

15.

rappeler que j'ai assisté à la naissance de cette excellente Œuvre, que même j'y ai un petit peu contribué par les encouragements que je pus alors vous donner. Il semble que ce soit là toute la part que la divine Providence me destine dans les œuvres pour sa gloire. Je n'en sais faire aucune, mais je donne de tout mon cœur des applaudissements sincères et des encouragements à ceux qui plus heureux que moi, parce qu'ils savent se rendre plus agréables à Dieu, reçoivent la préférence de son choix et de ses bénédictions. Les Pères Laurent et Labonde se souviennent, j'espère, que je les aidais de la même façon dans tant de travaux divers que j'avais la joie de les voir entreprendre et parfaire si heureusement. Que de bonnes choses, petites alors, ont atteint depuis, sous une meilleure direction, des proportions gigantesques et qu'admirent tous ceux qui les voient !

Peu s'en est fallu que je n'aie partagé ce bonheur ; car, vous le savez peut-être, votre excellent supérieur (le Père Joseph Liot) et son prédécesseur (le Père L. Marquet), à qui nous avons tant d'obligations, ont bien voulu m'écrire tous deux pour m'en offrir l'occasion. Mais après sept années de voyages presque continuels et si lointains, j'avais un besoin extrême de radouber ma frêle nacelle. J'avais obtenu de le faire ici, par une grande retraite qu'il eût fallu raccourcir, en s'exposant à la rendre inefficace. J'ai dû remercier, et je l'ai fait, dans l'espoir

que ce sacrifice, qui m'a coûté beaucoup pour bien
des raisons qu'il vous est aisé de saisir, contribue-
rait au résultat que j'étais venu chercher. L'ai-je
obtenu par mes trente-sept jours de retraite? L'avenir le montrera.

Je suis maintenant en complète disponibilité. Que
fera-t-on de moi ? Pas grand'chose assurément. Mais
resterai-je en France, à Nantes où ailleurs ; ou bien
ferai-je une neuvième traversée de l'Océan pour
Cayenne, New-York, Québec ou la Chine ? Je n'en
sais absolument rien et n'ai aucune envie d'en rien
savoir avant le temps. Je suis tout prêt à repartir
dans une heure et tout prêt à rester toujours.
L'ordre, que j'ai demandé au Révérend Père Provincial, ne fera point, quel qu'il soit, que mon cœur
batte un coup de plus ou plus fort dans ma poitrine.

En France, je ne pourrais faire que ce que tout
autre fera mieux que moi. Ailleurs, ce sera tout de
même ; mais j'ai l'expérience et l'habitude des
lointains voyages sur mer et sur terre ; ils ne m'in-
commodent point.

Après avoir échappé au climat brûlant et fiévreux
de Cayenne, je suis revenu fort et gaillard des
glaces et des neiges du Canada ; je sais assez d'an-
glais pour me tirer d'affaire, suis vieux et bon à
rien... Pour tous ces motifs il pourra bien se faire
que je voyage encore. Eh bien, ce que le Révérend

Père Godinot nous dit un jour au Noviciat : « *Vous n'êtes venus ici que pour chercher un adverbe ;* » il nous le fit longtemps deviner, finit par nous dire : « *C'est, c'est.... c'est Libenter.* » Grâce à Dieu, je le tiens.

Le Révérend Père Provincial vient de m'écrire d'Angers que vers le 15 de ce mois, il me fera venir à Paris. Il est probable qu'alors j'apprendrai le secret de mes destinées. Jusque-là je demeurerai ici, où je me trouve à merveille.

Je suis bien cordialement, en union de vos saints sacrifices, mon Révérend et très cher Père.

Tout à vous in X^{to}.

J.-B. Hus, s. j.

Placé à Nantes une troisième fois, en 1865, et, comme il le croyait bien, pour y mourir, le Père Hus se montra toujours l'homme du devoir ; malgré ses soixante-deux ans il ne recula devant aucun ministère. Par attrait il eût préféré la vie contemplative et la paix de la solitude : par obéissance et vocation il continua les labeurs de l'apostolat, dans la ville de Nantes et partout où les Supérieurs l'envoyèrent.

Très dur pour lui-même, il était en communauté et dans ses relations extérieures d'une amabilité charmante. En mission, il ravissait les prêtres ses coopérateurs, par l'intérêt de ses récits. — il avait

tant vu dans ses nombreux et lointains voyages ! —
mais il les édifiait davantage encore par sa charité,
son humilité et la délicatesse de sa conscience.

Les prêtres qui venaient parfois prêter leur concours au Père Hus dans ses ministères apostoliques,
admiraient la distinction de sa tenue, de ses manières et le charme de son langage. Ils étaient surtout édifiés de ses vertus. Citons un fait.

Un soir, après une journée de fatigue, le Père
Hus égayait et charmait ses coopérateurs qui étaient
toujours avides de l'entendre. L'heure, qui lui rap
pelait certains exercices spirituels à faire avant de
prendre le repos de la nuit, vint tout à coup l'arrêter. Il salua donc ses confrères avec un aimable
sourire et monta dans sa chambre. Mais quelques
minutes après, on l'entendit redescendre : c'était
pour dire à ces Messieurs encore réunis, qu'il s'accu-
sait d'avoir manqué à la charité envers telle personne, en exagérant tel récit, et en faisant ainsi tort
à une réputation... Il remonta aussitôt, ayant sou-
lagé sa conscience délicate et laissant ces bons
prêtres tout pénétrés d'un sentiment d'admiration
qu'ils ne purent contenir.

Peut-être comme directeur des âmes garda-t-il
une certaine rigueur native, rapportée sans doute
de l'air et du vieux terroir normand ? Du moins les
caractères généreux aimaient la vigueur et la fermeté de ses décisions, et personne n'avait le droit

de s'en plaindre, quand on le voyait lui-même si esclave du devoir et si ennemi de ses aises.

Au mois de septembre 1879, à la grande surprise de tous, il fut désigné comme devant quitter Nantes, *mittendus !* Il devait aller à Rouen faire les fonctions de Père spirituel. Le bon vieillard avait 76 ans. Il aimait Nantes, il y était aimé ; et, se berçant de l'espoir d'y finir ses jours, il se plaisait à faire sa promenade au cimetière. « *Je vais*, disait-il, *y visiter ma tombe !* » L'obéissance en avait disposé autrement. Sans ombre d'observation, sans exprimer un regret ou un désir, il quitta au plus tôt la ville où il venait de passer quatorze ans de suite et se rendit à Paris. Le Révérend Père Provincial l'y arrêta, et lui confia à la rue de Sèvres la charge qu'il devait remplir à Rouen.

C'est là que, moins d'un an après son arrivée, il subit les glorieuses ignominies de l'expulsion. On a dit sa fière protestation et son intrépidité devant les crocheteurs de sa cellule ; il fut doux et ferme en face de la mort qui vint le frapper dans une maison d'emprunt, le 27 avril 1881. Le Père Hus mourut en vaillant compagnon de Jésus, avec tous les signes des prédestinés ; il était dans la 79e année de son âge et la 58e de sa vie religieuse.

(Cette note biographique est due en grande partie au Père Ar. Jean, S. J.)

VI

État de l'Association de Notre-Dame-de-Bonne-Garde (section des domestiques), à Nantes, en 1887.

L'Association des domestiques, en 1887, comptait *1,473 associées, 201 postulantes*;

En tout 1,674 membres.

La paroisse Saint-Pierre renfermait huit quartiers à la tête desquels huit Zélatrices.

La paroisse Saint-Nicolas renfermait également huit quartiers avec autant de Zélatrices.

La paroisse Sainte-Croix renfermait quatre quartiers et quatre Zélatrices.

La paroisse Saint-Similien renfermait deux quartiers et deux Zélatrices.

La paroisse Saint-Clément comme celle de Saint-Similien, deux quartiers et deux Zélatrices.

La paroisse Notre-Dame comme les deux précédentes, deux quartiers et deux Zélatrices.

La paroisse Saint-Félix renfermait un quartier avec une Zélatrice.

Ces Zélatrices (vingt-sept) étaient en relation avec 141 chefs de dizaines.

N. B. — Plusieurs de ces dizaines étaient d'un chiffre supérieur, ce qui explique le chiffre total de 1674.

La section des ouvrières comptait 305 membres. Les deux sections réunies renfermaient donc 1,979 membres en 1887.

Puissions-nous en toute vérité appliquer à cette Association ces paroles de la Sainte Écriture : « *In multitudine electorum habebit* (Domina Nostra) *laudem et inter benedictos benedicetur !* » (Eccli. 24, 4.)

TABLE DES MATIÈRES

CHAPITRE III

II

Le Père Laurent à Nantes
Sa vie de Missionnaire.

CHAPITRE IV

CHAPITRE V

CHAPITRE VI

III

Le Père Laurent à Nantes
Son Apostolat dans la ville par l'Association de Notre-Dame-de-Bonne-Garde.

CHAPITRE XVI

CHAPITRE XVII

CHAPITRE XVIII

CHAPITRE XIX

CHAPITRE XX

IV

Le Père Laurent
Ses vertus religieuses. — Sa mort.

CHAPITRE XXV

CHAPITRE XXVI

CHAPITRE XXVII

CHAPITRE XXVIII

CHAPITRE XXIX

CHAPITRE XXX

APPENDICE

ANGERS, IMPRIMERIE LACHÈSE ET DOLBEAU